A spanyol konyha kézikönyve 2023
A spanyol konyha legfinomabb fogásainak receptjei és háttere

Balázs Rácz

TARTALOMJEGYZÉK

SZUFFLE BURGONYA 25
    ÖSSZETEVŐK 25
    FELDOLGOZÁS 25
    TRÜKK 25

OMLETT 26
    ÖSSZETEVŐK 26
    FELDOLGOZÁS 26
    TRÜKK 26

HERCEGNŐ BURGONYA 27
    ÖSSZETEVŐK 27
    FELDOLGOZÁS 27
    TRÜKK 27

KUBAI STÍLUSÚ RIZS 29
    ÖSSZETEVŐK 29
    FELDOLGOZÁS 29
    TRÜKK 29

RIZSLEVES KAGYGÓVAL, KAGYLÓVAL ÉS RÁKREKKEL 29
    ÖSSZETEVŐK 30
    FELDOLGOZÁS 30
    TRÜKK 30

KANTONEI RIZS CSIRKEVEL 32
    ÖSSZETEVŐK 32
    FELDOLGOZÁS 32
    TRÜKK 33

HÁROS RIZS 34
    ÖSSZETEVŐK 34
    FELDOLGOZÁS 34
    TRÜKK 35
KATALAN RIZS 36
    ÖSSZETEVŐK 36
    FELDOLGOZÁS 37
    TRÜKK 37
LEVES RIZS FEHÉRBABVAL ÉS MANDOLÓVAL 38
    ÖSSZETEVŐK 38
    FELDOLGOZÁS 38
    TRÜKK 39
RIZS FRISS TONHALÁVAL 40
    ÖSSZETEVŐK 40
    FELDOLGOZÁS 40
    TRÜKK 41
CSIRKE, SZALONNA, MANDULA, MAZSOLÁS RIZS 42
    ÖSSZETEVŐK 42
    FELDOLGOZÁS 42
    TRÜKK 43
RIZS TŰHKEVEL ÉS FEHÉRBABVAL 44
    ÖSSZETEVŐK 44
    FELDOLGOZÁS 44
    TRÜKK 45
HOMÁROS RIZS 46
    ÖSSZETEVŐK 46

FELDOLGOZÁS 46

TRÜKK 47

GÖRÖG RIZS 48

ÖSSZETEVŐK 48

FELDOLGOZÁS 48

TRÜKK 49

RIZZS PENERÉRE 50

ÖSSZETEVŐK 50

FELDOLGOZÁS 50

TRÜKK 51

HEVESES TEnger gyümölcsei RIZS 52

ÖSSZETEVŐK 52

FELDOLGOZÁS 52

TRÜKK 53

RIZS HÁROM ÍGY 54

ÖSSZETEVŐK 54

FELDOLGOZÁS 54

TRÜKK 54

MELOUS RIZS KÖRNYEL 55

ÖSSZETEVŐK 55

FELDOLGOZÁS 55

TRÜKK 56

VAD SPARAGUS ÉS LAZACRIZOTÓ 57

ÖSSZETEVŐK 57

FELDOLGOZÁS 57

TRÜKK 58

RIZS MONDHALLAL, CSIRKEBORSÓVAL ÉS SPENÓTTAL 59
    ÖSSZETEVŐK 59
    FELDOLGOZÁS 59
    TRÜKK 60
RIZS VAGY CALDEIRO 61
    ÖSSZETEVŐK 61
    FELDOLGOZÁS 61
    TRÜKK 62
FEKETE RIZS TALLÁMAL 63
    ÖSSZETEVŐK 63
    FELDOLGOZÁS 63
    TRÜKK 64
PILAF RIZS 65
    ÖSSZETEVŐK 65
    FELDOLGOZÁS 65
    TRÜKK 65
A HALAK ÉS TENGERÉLETEK FIDEUÁJA 66
    ÖSSZETEVŐK 66
    FELDOLGOZÁS 66
    TRÜKK 67
PUTANESCA TÉSZTA 68
    ÖSSZETEVŐK 68
    FELDOLGOZÁS 68
    TRÜKK 69
SPENÓT ÉS CANNELLONI KIRÁLYNŐ 70
    ÖSSZETEVŐK 70

FELDOLGOZÁS 70

TRÜKK 71

Spagetti tenger gyümölcsei 72

    ÖSSZETEVŐK 72

    FELDOLGOZÁS 72

    TRÜKK 73

FLORENTI FRISS TÉSZTA LASAGNA 74

    ÖSSZETEVŐK 74

    FELDOLGOZÁS 75

    TRÜKK 76

Spagetti CARBONARA MÁRTÁSSAL 77

    ÖSSZETEVŐK 77

    FELDOLGOZÁS 77

    TRÜKK 77

HÚS CANNELLONI GOMBÁS BESAMELLEL 78

    ÖSSZETEVŐK 78

    FELDOLGOZÁS 79

    TRÜKK 79

CSOPORTOS ÉS TALLÁM LASAGNA 80

    ÖSSZETEVŐK 80

    FELDOLGOZÁS 81

    TRÜKK 81

VEGYES PAELLA 82

    ÖSSZETEVŐK 82

    FELDOLGOZÁS 82

    TRÜKK 83

NÖVÉNYI LASAGNA FRISS SAJTOKKAL ÉS KÖMÉVEL 84
   ÖSSZETEVŐK 84
   FELDOLGOZÁS 84
   TRÜKK 85
TÉTEL JOGhurttal, TONHALÉSZTÉTEL 86
   ÖSSZETEVŐK 86
   FELDOLGOZÁS 86
   TRÜKK 86
BURGONYÁS GNOCCHI KÉKSAJTSZÓZSSZAL ÉS PISZÁCIÁVAL .. 87
   ÖSSZETEVŐK 87
   FELDOLGOZÁS 87
   TRÜKK 88
CARBONARA LAZACTÉSZTA 89
   ÖSSZETEVŐK 89
   FELDOLGOZÁS 89
   TRÜKK 89
TÉMÉRET vargányával 90
   ÖSSZETEVŐK 90
   FELDOLGOZÁS 90
   TRÜKK 90
PIZZA GRILL 91
   ÖSSZETEVŐK 91
   FELDOLGOZÁS 92
   TRÜKK 93
FEHÉR KOLBSZOS RISZOTÓ VÖRÖSBORVAL ÉS ARUKULÁVAL . 94
   ÖSSZETEVŐK 94

FELDOLGOZÁS 94

TRÜKK... 95

TÉTEL RÁKELLEL, NÖVÉNYI SZALAGAL ÉS SZÓJÁVAL 96

    ÖSSZETEVŐK 96

    FELDOLGOZÁS 96

    TRÜKK.. 96

TÉTA ROSSEJAT TINTÁHAL ÉS RÁKREKKEL 97

    ÖSSZETEVŐK 97

    FELDOLGOZÁS 97

    TRÜKK.. 98

SZERTÉS HAJJÚ TÉTEL KABRALES 99

    ÖSSZETEVŐK 99

    FELDOLGOZÁS 99

    TRÜKK.. 99

HEGYI Pörkölt 100

    ÖSSZETEVŐK 100

    FELDOLGOZÁS 100

    TRÜKK.. 101

TOLOSABAB 102

    ÖSSZETEVŐK 102

    FELDOLGOZÁS 102

    TRÜKK.. 102

A LIÉBANA-VÖLGY COCIDO 103

    ÖSSZETEVŐK 103

    FELDOLGOZÁS 103

    TRÜKK.. 104

ÖZVEGYBAB 105
    ÖSSZETEVŐK 105
    FELDOLGOZÁS 105
    TRÜKK 105
MADRID PÁROS 106
    ÖSSZETEVŐK 106
    FELDOLGOZÁS 106
    TRÜKK 107
ESCUDELLA 108
    ÖSSZETEVŐK 108
    FELDOLGOZÁS 109
    TRÜKK 109
FABADA 110
    ÖSSZETEVŐK 110
    FELDOLGOZÁS 110
    TRÜKK 110
HUMMUSZ CSIRKE 111
    ÖSSZETEVŐK 111
    FELDOLGOZÁS 111
    TRÜKK 111
LENCSÉT TINTÁHAL ÉS KAGYGYÓL 112
    ÖSSZETEVŐK 112
    FELDOLGOZÁS 112
    TRÜKK 113
FABES KAGYLÓVAL 114
    ÖSSZETEVŐK 114

FELDOLGOZÁS 114

TRÜKK 115

KATALÓNI BAB 116

    ÖSSZETEVŐK 116

    FELDOLGOZÁS 116

    TRÜKK 117

BAB RIZSEL 118

    ÖSSZETEVŐK 118

    FELDOLGOZÁS 118

    TRÜKK 118

BAB ökörfarkokkal 119

    ÖSSZETEVŐK 119

    FELDOLGOZÁS 119

    TRÜKK 120

FÜLÉS LENCE ÉS LACON 121

    ÖSSZETEVŐK 121

    FELDOLGOZÁS 121

    TRÜKK 122

FARMER VÁGÁSSAL 123

    ÖSSZETEVŐK 123

    FELDOLGOZÁS 123

    TRÜKK 124

    TRÜKK 124

NYUL CSOKOLÁDÁBAN PIRITOTT MANDULUVAL 125

    ÖSSZETEVŐK 125

    FELDOLGOZÁS 125

TRÜKK 126
FINOM GYÓGYNÖVÉNYVEL PENÉRZETT BÁRÁNYCRIADILLÁK . 127
    ÖSSZETEVŐK 127
    FELDOLGOZÁS 127
    TRÜKK 127
ESCALOPE ALLA MILANESA 129
    ÖSSZETEVŐK 129
    FELDOLGOZÁS 129
    TRÜKK 129
A LA JARDINERA húspörkölt 130
    ÖSSZETEVŐK 130
    FELDOLGOZÁS 130
    TRÜKK 131
FLAMENKINEK 132
    ÖSSZETEVŐK 132
    FELDOLGOZÁS 132
    TRÜKK 132
FRICANDO BORJÚ 133
    ÖSSZETEVŐK 133
    FELDOLGOZÁS 133
    TRÜKK 134
KÚRA CHORIZÓVAL ÉS KOLBÁSSAL 135
    ÖSSZETEVŐK 135
    FELDOLGOZÁS 135
    TRÜKK 136
LAKON RÉPA FEJÉVEL 137

ÖSSZETEVŐK 137
FELDOLGOZÁS 137
TRÜKK 137
BORJÚMÁJ VÖRÖSBORSZÓSZBAN 138
   ÖSSZETEVŐK 138
   FELDOLGOZÁS 138
   TRÜKK 139
PÁROLT NYÚL 140
   ÖSSZETEVŐK 140
   FELDOLGOZÁS 140
   TRÜKK 141
SZERTÉS BAJZ BAZARAKKAL 142
   ÖSSZETEVŐK 142
   FELDOLGOZÁS 142
   TRÜKK 142
FORLÁZOS SOVAR 143
   ÖSSZETEVŐK 143
   FELDOLGOZÁS 143
   TRÜKK 144
PÁROLT DISZNÓCSOPORTOK 145
   ÖSSZETEVŐK 145
   FELDOLGOZÁS 145
   TRÜKK 146
morzsákat 147
   ÖSSZETEVŐK 147
   FELDOLGOZÁS 147

TRÜKK 147
TÖLTÖTT SZERTÉS KARAZ 148
    ÖSSZETEVŐK 148
    FELDOLGOZÁS 148
    TRÜKK 149
MARHA CARBONARA 150
    ÖSSZETEVŐK 150
    FELDOLGOZÁS 150
    TRÜKK 151
BÁRÁNTYÚS ÉDESKENYÉREK BOLETUSZAL 152
    ÖSSZETEVŐK 152
    FELDOLGOZÁS 152
    TRÜKK 153
MARHA OSSOBUCO NARANCSVAL 154
    ÖSSZETEVŐK 154
    FELDOLGOZÁS 154
    TRÜKK 155
KOLBÁSZOK A BORHOZ 156
    ÖSSZETEVŐK 156
    FELDOLGOZÁS 156
    TRÜKK 156
ANGOL HÚSPITE 157
    ÖSSZETEVŐK 157
    FELDOLGOZÁS 157
    TRÜKK 158
FORRASZTOTT BORJÚ KEREK 159

ÖSSZETEVŐK ... 159
FELDOLGOZÁS ... 159
TRÜKK ... 160
VESE JEREZBEN ... 161
ÖSSZETEVŐK ... 161
FELDOLGOZÁS ... 161
TRÜKK ... 162
OSSOBUCO REGGELI ... 163
ÖSSZETEVŐK ... 163
FELDOLGOZÁS ... 163
TRÜKK ... 164
IBÉRIAI TITOK HÁZI KÉSZÍTETT CHIMICHURRI MÁRTÁSSAL ... 165
ÖSSZETEVŐK ... 165
FELDOLGOZÁS ... 165
TRÜKK ... 165
VITELLO TONNATO ... 167
ÖSSZETEVŐK ... 167
FELDOLGOZÁS ... 167
TRÜKK ... 168
BIKAFARKOK ... 169
ÖSSZETEVŐK ... 169
FELDOLGOZÁS ... 169
TRÜKK ... 170
MANÓ ... 171
ÖSSZETEVŐK ... 171
FELDOLGOZÁS ... 171

TRÜKK ... 171
CIROMSZORBET MENTÁVAL ... 172
    ÖSSZETEVŐK ... 172
    FELDOLGOZÁS ... 172
    TRÜKK ... 172
ASTÚRIAI RIZSPUDDING ... 173
    ÖSSZETEVŐK ... 173
    FELDOLGOZÁS ... 173
    TRÜKK ... 173
HÁZI TÚVÓ MÉZES ÉS DIÓS ... 174
    ÖSSZETEVŐK ... 174
    FELDOLGOZÁS ... 174
    TRÜKK ... 174
KÁVÉKEKSZ ... 175
    ÖSSZETEVŐK ... 175
    FELDOLGOZÁS ... 175
    TRÜKK ... 175
AMERIKAI ALMASPITE ... 176
    ÖSSZETEVŐK ... 176
    FELDOLGOZÁS ... 176
    TRÜKK ... 177
SOLETILLÁS TORTA ... 178
    ÖSSZETEVŐK ... 178
    FELDOLGOZÁS ... 178
    TRÜKK ... 178
PROFITEROLES ... 179

ÖSSZETEVŐK 179

FELDOLGOZÁS 179

TRÜKK 179

ALMA TART TATIN 180

ÖSSZETEVŐK 180

FELDOLGOZÁS 180

TRÜKK 180

FEHÉR-NARANCS CSOKOLÁDEMUSSE 181

ÖSSZETEVŐK 181

FELDOLGOZÁS 181

TRÜKK 181

NARANCSKRÉM 182

ÖSSZETEVŐK 182

FELDOLGOZÁS 182

TRÜKK 182

JOGURT TORTA 183

ÖSSZETEVŐK 183

FELDOLGOZÁS 183

TRÜKK 183

BANÁNKOMPÓT ROZMARYGAL 184

ÖSSZETEVŐK 184

FELDOLGOZÁS 184

TRÜKK 184

CRÈME BRÛLÉE 185

ÖSSZETEVŐK 185

FELDOLGOZÁS 185

TRÜKK 185
KRÉMVEL TÖLTÖTT SVÁJCI KAR 186
    ÖSSZETEVŐK 186
    FELDOLGOZÁS 186
    TRÜKK 186
TOJÁS FLAN 187
    ÖSSZETEVŐK 187
    FELDOLGOZÁS 187
    TRÜKK 187
CAVAZSÉLÉS EPER 188
    ÖSSZETEVŐK 188
    FELDOLGOZÁS 188
    TRÜKK 188
FRITTERS 189
    ÖSSZETEVŐK 189
    FELDOLGOZÁS 189
    TRÜKK 189
SAN JUAN COCA 190
    ÖSSZETEVŐK 190
    FELDOLGOZÁS 190
    TRÜKK 191
CSÉSZÉR KÖRTÉT MASCARPONE SAJTTAL 192
    ÖSSZETEVŐK 192
    FELDOLGOZÁS 192
    TRÜKK 193
CSOKOLÁDÉS COULANT 194

ÖSSZETEVŐK 194

FELDOLGOZÁS 194

TRÜKK 195

SÁRGARÉPA ÉS TÚJTORTA 196

ÖSSZETEVŐK 196

FELDOLGOZÁS 196

TRÜKK 197

CATALAN KRÉM 198

ÖSSZETEVŐK 198

FELDOLGOZÁS 198

TRÜKK 198

FRANCIA PIRÍTÓS 200

ÖSSZETEVŐK 200

FELDOLGOZÁS 200

TRÜKK 200

PUGRÓS KRÉM 201

ÖSSZETEVŐK 201

FELDOLGOZÁS 201

TRÜKK 201

BASACH KÓKUSZFLAN 202

ÖSSZETEVŐK 202

FELDOLGOZÁS 202

TRÜKK 202

FEHÉRCSOKOLÁDÉ ÉS GYÜMÖLCSFONTÚ 203

ÖSSZETEVŐK 203

FELDOLGOZÁS 203

TRÜKK 203
VÖRÖS GYÜMÖLCSÖK MENTÁS ÉDES BORBAN 203
 ÖSSZETEVŐK 204
 FELDOLGOZÁS 204
 TRÜKK 204
INTXAURSALSA (DIÓS KRÉM) 205
 ÖSSZETEVŐK 205
 FELDOLGOZÁS 205
 TRÜKK 205
SNACK TEJ 206
 ÖSSZETEVŐK 206
 FELDOLGOZÁS 206
 TRÜKK 206
MACSKANYELVEK 207
 ÖSSZETEVŐK 207
 FELDOLGOZÁS 207
 TRÜKK 207
NARANCS CUPCAKÁK 208
 ÖSSZETEVŐK 208
 FELDOLGOZÁS 208
 TRÜKK 208
PORTÓI SÜLT ALMA 209
 ÖSSZETEVŐK 209
 FELDOLGOZÁS 209
 TRÜKK 209
FŐTT HABÁCS 210

ÖSSZETEVŐK 210

FELDOLGOZÁS 210

TRÜKK 210

TEJSODÓ 211

ÖSSZETEVŐK 211

FELDOLGOZÁS 211

TRÜKK 212

PANNA COTTA IBOLYA CUKKORÁVAL 213

ÖSSZETEVŐK 213

FELDOLGOZÁS 213

TRÜKK 213

CITRUS KEKSZ 214

ÖSSZETEVŐK 214

FELDOLGOZÁS 214

TRÜKK 215

MANGO PASZTA 216

ÖSSZETEVŐK 216

FELDOLGOZÁS 216

TRÜKK 216

KÖRTE BORBAN 217

ÖSSZETEVŐK 217

FELDOLGOZÁS 217

TRÜKK 217

ALASKA PITE 218

ÖSSZETEVŐK 218

FELDOLGOZÁS 218

TRÜKK ... 219
PUDING ... 220
    ÖSSZETEVŐK ... 220
    FELDOLGOZÁS ... 220
    TRÜKK ... 220

SZUFFLE BURGONYA

ÖSSZETEVŐK

1 kg azonos méretű burgonya

2 liter olívaolaj

Só

FELDOLGOZÁS

A burgonyát meghámozzuk és négyzet alakúra tesszük, amíg téglalap alakút nem kapunk. Szeleteljük fel a burgonyát mandolinnal úgy, hogy a vastagsága kb. 4 mm legyen. Helyezze őket konyhai papírra (vízbe ne tegye), és alaposan szárítsa meg.

Egy serpenyőben hevítsük fel az olajat körülbelül 150 °C-ra (kezdje el folyamatosan buborékolni). Több részletben adjuk hozzá a burgonyát, és óvatosan, körkörös mozdulatokkal keverjük össze a tepsit. Pároljuk 12 percig, vagy amíg a felszínre nem kezdenek emelkedni. Távolítsa el, és tegye le nedvszívó papírra.

Emelje fel a hőt a maximumra, amíg enyhén füstölni nem kezd, majd adagonként ismét hozzáadja a burgonyát, lyukas kanállal keverve. Ilyenkor megduzzadnak. Sózzuk és tálaljuk.

TRÜKK

Előző nap elkészíthetők; csak le kell foglalni a konyhai papírra helyezett hűtőben. Ha készen állnak a fogyasztásra, utoljára süssük meg nagyon forró olajban, hogy megdagadjanak és ropogósak maradjanak. Só a végén. Nagyon fontos, hogy a burgonya esős fajta legyen, például savanyú. Tökéletesen működik.

OMLETT

ÖSSZETEVŐK

7 nagy tojás

800 g burgonya sütni

Szűz oliva olaj

Só

FELDOLGOZÁS

A burgonyát meghámozzuk. Vágjuk hosszában negyedekre, ezeket pedig vékony szeletekre. Melegítse fel az olajat közepes hőmérsékleten. Hozzáadjuk a burgonyát, és puhára és enyhén barnára sütjük.

Verjük fel a tojást és a sót. A burgonyát jól leszűrjük, és a felvert tojáshoz adjuk. Rektifikálja a sót.

Egy serpenyőt nagyon jól felforrósítunk, hozzáadunk 3 evőkanál burgonya sütéséből származó olajat, majd hozzáadjuk a tojás és a burgonya keverékét. Keverjük 15 mp-ig nagy lángon, majd fordítsuk meg egy tányérral. Melegítsük fel a serpenyőt, és adjunk hozzá 2 evőkanál olajat a burgonya megsütéséhez. Adjuk hozzá a tortillát és pirítsuk magas lángon 15 másodpercig. Kivesszük és tálaljuk.

TRÜKK

Hogy a tortilla ne ragadjon, az olaj hozzáadása előtt melegítse fel jól a serpenyőt. Ha jobban szereti a túrót, miután megfordította és enyhén megpirult, csökkentse a hőt, és főzze tovább, amíg el nem éri.

HERCEGNŐ BURGONYA

ÖSSZETEVŐK

500 g burgonya

60 g vaj

3 tojás

Szerecsendió

2 evőkanál olívaolaj

Só, bors

FELDOLGOZÁS

A burgonyát meghámozzuk, negyedekre vágjuk, és sós vízben 30 percig főzzük. Lecsepegtetjük és átengedjük a malmon.

Adjunk hozzá forró sót, borsot, szerecsendiót, vajat és 2 tojássárgáját. Jól összekeverni.

Sütőpapírral borított tányérra 2 olajozott kanállal burgonyadombokat készítünk. Megkenjük a másik felvert tojással, és 180 fokon aranybarnára sütjük.

TRÜKK

Az ideális, ha a pürét egy göndör fúvókával ellátott cukrászzacskóba tesszük.

KUBAI STÍLUSÚ RIZS

ÖSSZETEVŐK

Pilaf rizs (lásd a Rizs és tészta részt)

4 tojás

4 banán

Paradicsomszósz (lásd a Húslevesek és szószok részt)

Liszt

Olivaolaj

FELDOLGOZÁS

Készítsünk rizspilafot és paradicsomszószt.

A tojásokat bő, forró olajban kisütjük, a sárgáját hagyjuk kissé aludni.

Lisztezzük az útifűszert, és enyhén aranysárgára sütjük.

Tányérra tesszük a rizst, meglocsoljuk a paradicsomszósszal, és a tükörtojással és a banánnal tálaljuk.

TRÜKK

A sült útifű magára vonhatja a figyelmet, de a kipróbálása az eredeti recept része.

RIZSLEVES KAGYGÓVAL, KAGYLÓVAL ÉS RÁKREKKEL

ÖSSZETEVŐK

800 g rizs

250 g kagyló

250 g tiszta kagyló héjában

100 g hámozott garnélarák

2 l hallé

1 evőkanál choricero paprika pép

2 gerezd fokhagyma

1 hagyma

1 reszelt paradicsom

Olivaolaj

Só

FELDOLGOZÁS

Öblítse ki a kagylókat egy tálban hideg vízzel és 4 evőkanál sóval.

A hagymát és a gerezd fokhagymát apróra vágjuk, és lassú tűzön 15 percig pároljuk.

Hozzáadjuk a reszelt paradicsomot és a chorizo borsot, és addig pirítjuk, amíg a paradicsom el nem veszíti a vizet.

Adjuk hozzá és pároljuk a rizst 3 percig. Adjuk hozzá az alaplevet sós fokig, és főzzük közepes lángon körülbelül 18 percig, vagy amíg a rizs meg nem fő.

Az utolsó 3 percben adjuk hozzá a kagylót, a kagylót és a garnélarákot.

TRÜKK

Az öblítés hideg sós vízbe való merítést jelent; így a kagylók vagy más kagylók minden homokot és szennyeződést kiszorítanak.

KANTONEI RIZS CSIRKEVEL

ÖSSZETEVŐK

200 g hosszú rizs

50 g főtt borsó

150 ml paradicsomszósz

½ dl szójaszósz

2 csirkemell

2 szelet ananász szirupban

1 nagy zöld kaliforniai paprika

1 nagy újhagyma

Olivaolaj

Só, bors

FELDOLGOZÁS

A rizst bő, forrásban lévő sós vízben 14 percig főzzük. Lecsepegtetjük és felfrissítjük.

A paprikát és az újhagymát apróra vágjuk, és lassú tűzön 10 percig főzzük. Emeljük fel a hőt, és adjuk hozzá a fűszerezett és csíkokra vágott csirkét.

Enyhén megpirítjuk, és hozzáadjuk a rizst, a szójababot, a borsót és az ananászt. Lassú tűzön hagyjuk száradni.

Hozzáadjuk a paradicsomot, emeljük a lángot, és addig pároljuk, amíg a rizs meg nem fő.

TRÜKK

A rizst az utolsó 2 percben kell megsütni, amikor a szója teljesen lecsökkent. Hozzáadhat néhány főtt garnélarákot vagy néhány garnélarákot.

HÁROS RIZS

ÖSSZETEVŐK

500 g rizs

1 ¼ l csirke- vagy húsleves

1 kolbász

1 kolbász

1 fekete puding

1 nyúl

1 kis csirke

1 paradicsom

10 tojás

Sáfrány vagy színező

Olivaolaj

Só, bors

FELDOLGOZÁS

A sütőt előmelegítjük 220°C-ra. A chorizót, a kolbászt és a fekete pudingot apró darabokra vágjuk, és serpenyőben nagy lángon megpirítjuk. Kivonás és tartalék.

A nyulat és a feldarabolt csirkét ugyanabban az olajban megpirítjuk. Sózzuk, borsozzuk, majd hozzáadjuk a reszelt paradicsomot. Addig főzzük, amíg víz nem marad.

Adjuk hozzá a kolbászt és a rizst, és főzzük 2 percig.

Adjuk hozzá a levest sós fokig, adjuk hozzá a sáfrányt vagy a színezéket, és főzzük 7 percig közepesen magas lángon. Adjuk hozzá a tojásokat és süssük 13 percig.

TRÜKK

Ahhoz, hogy a tojás sokkal jobban megnőjön a sütőben, enyhén verje fel só nélkül.

KATALAN RIZS

ÖSSZETEVŐK

500 g rizs

500 g paradicsom

150 g friss kolbász

150 g darált vegyes hús

100 g apróra vágott hagyma

1 l húsleves

1 ½ teáskanál paprika

1 teáskanál friss petrezselyem

1 teáskanál liszt

½ evőkanál liszt

3 gerezd fokhagyma

2 babérlevél

1 tojás

10 szál sáfrány

Cukor

1 evőkanál vaj

Olivaolaj

Só, bors

FELDOLGOZÁS

Keverjük össze a darált húst, a petrezselymet, 1 gerezd finomra vágott fokhagymát, a tojást, sózzuk, borsozzuk. Az egészet összegyúrjuk és golyókat formázunk belőle. Olajban megpirítjuk, kivesszük és lerakjuk.

A vajat ugyanabban az olajban lassú tűzön megpirítjuk. Adjuk hozzá a lisztet és ½ teáskanál paprikát, és pirítsuk tovább 1 percig. Hozzáadjuk a negyedekre vágott paradicsomot és 1 babérlevelet. Lefedve 30 percig főzzük, turmixoljuk, leszűrjük, és ha szükséges, sóval és cukorral ízesítjük.

A feldarabolt kolbászt és a húsgombócokat 5 percig főzzük a paradicsomszószban.

Külön megdinszteljük a másik 2 gerezd fokhagymát és az apróra vágott hagymát, hozzáadjuk a rizst, 1 teáskanál paprikát, a másik babérlevelet, és 2 percig keverjük. Adjuk hozzá a sáfrányt és a forrásban lévő levest sós fokig, és főzzük 18 percig, vagy amíg a rizs elkészül.

TRÜKK

Ehhez a rizses ételhez kolbászt is adhatunk.

LEVES RIZS FEHÉRBABVAL ÉS MANDOLÓVAL

ÖSSZETEVŐK

300 g rizs

250 g fehér bab

450 g mángold

½ l csirkehúsleves

2 gerezd fokhagyma

1 reszelt paradicsom

1 hagyma

1 teáskanál paprika

10 szál sáfrány

Olivaolaj

Só

FELDOLGOZÁS

Hagyja ázni a babot előző este. Hideg vízben só nélkül puhára főzzük. Lefoglal.

A mángoldleveleket megtisztítjuk és közepes darabokra vágjuk. A szárakat megtisztítjuk, meghámozzuk és apró darabokra vágjuk. Főzzük forrásban lévő sós vízben 5 percig, vagy amíg megpuhul. Frissítés.

A hagymát és a fokhagymát apróra vágjuk. Egy serpenyőben lassú tűzön pároljuk meg őket. Adjuk hozzá a paprikát és a sáfrányt. Főzzük 30 mp.

Adjuk hozzá a paradicsomot, emeljük fel a lángot, és addig főzzük, amíg a paradicsom el nem veszíti az összes vizet.

Adjuk hozzá a rizst és főzzük még 2 percig. Adjunk hozzá a csirkehúsleveshez 250 ml babfőzésből származó vizet és további 250 ml mángold főzéséből származó vizet. Sózzuk, és a rizshez adjuk. 15 percig főzzük, hozzáadjuk a mángoldot és a babot, és további 3 percig főzzük.

TRÜKK

A főzés végén enyhén megkeverjük a rizst, hogy kiszabaduljon belőle a keményítő és besűrűsödjön a húsleves.

RIZS FRISS TONHALÁVAL

ÖSSZETEVŐK

200 g rizs

250 g friss tonhal

1 teáskanál édes paprika

½ l hallé

4 reszelt paradicsom

3 piquillo paprika

1 zöldpaprika

2 gerezd fokhagyma

1 hagyma

10 sáfrány szál

Só

FELDOLGOZÁS

A felkockázott tonhalat serpenyőben nagy lángon megpirítjuk. Kivonás és tartalék.

A hagymát, a zöldpaprikát és a fokhagymát apróra vágjuk. Lassú tűzön, ugyanabban az olajban, mint a tonhal, 15 percig pároljuk.

Hozzáadjuk a sáfrányt, a paprikát, a közepes darabokra vágott piquillo paprikát és a reszelt paradicsomot. Addig pároljuk, amíg a paradicsom el nem veszíti az összes vizet.

Ezután hozzáadjuk a rizst, és további 3 percig főzzük. Fürdjük meg a húslevessel, és főzzük 18 percig. Körülbelül 1 perccel azelőtt, hogy a rizs elkészülne, ismét hozzáadjuk a tonhalat. 4 percig állni hagyjuk.

TRÜKK

A tonhal főzésekor óvatosnak kell lennie. Ha túlzásba viszi, nagyon száraz lesz, és alig lesz íze.

CSIRKE, SZALONNA, MANDULA, MAZSOLÁS RIZS

ÖSSZETEVŐK

300 g rizs

175 g szalonna

150 g pirított granillo mandula

75 g mazsola

700 ml csirkehúsleves

1 csirkemell

10 szál sáfrány

1 zöldpaprika

1 piros kaliforniai paprika

1 gerezd fokhagyma

1 reszelt paradicsom

1 újhagyma

Olivaolaj

Só, bors

FELDOLGOZÁS

A szegyet közepes darabokra vágjuk, sóval, borssal ízesítjük, és nagy lángon megpirítjuk. Kivonás és tartalék. Ugyanebben az olajban pirítsuk meg a kockára vágott szalonnát. Kivonás és tartalék.

Vágja apró kockákra az összes zöldséget, kivéve a paradicsomot. Lassú tűzön 15 percig pároljuk őket. Adjuk hozzá a sáfrányt és a paprikát. 30 másodpercig sütjük. Hozzáadjuk a reszelt paradicsomot, és nagy lángon addig főzzük, amíg az összes víz el nem párolog.

Adjuk hozzá a rizst és főzzük 3 percig folyamatos keverés mellett. Hozzáadjuk a csirkét, a mazsolát és a szalonnát. Adjuk hozzá a levest sós fokig, és főzzük 18 percig. 4 percig pihentetjük, majd mandulával a tetejére tálaljuk.

TRÜKK

Hogy a mazsola puhább legyen, célszerű vízben vagy egy kis rumban hidratálni.

RIZS TŐKEHALLEL ÉS FEHÉRBABVAL

ÖSSZETEVŐK

200 g rizs

250 g sótlan tőkehal

125 g főtt fehér bab

½ l hallé

1 újhagyma

1 gerezd fokhagyma

1 reszelt paradicsom

1 zöldpaprika

10 szál sáfrány

Olívaolaj

Só

FELDOLGOZÁS

Az újhagymát, a fokhagymát és a borsot apróra vágjuk, és lassú tűzön 15 percig főzzük. Hozzáadjuk a sáfrányt és a reszelt paradicsomot, és addig főzzük, amíg már alig marad víz a paradicsomból.

Adjuk hozzá a rizst és főzzük 3 percig. Adjuk hozzá a levest sós fokig, és főzzük körülbelül 16 percig. Adjuk hozzá a tőkehalat és a babot. Főzzük még 2 percig, és hagyjuk pihenni 4 percig.

TRÜKK

Az első forralásnál be lehet tenni a sütőbe, hogy a rizs teljesen megszáradjon. 18 perc 200 ºC-on elég lesz.

HOMÁROS RIZS

ÖSSZETEVŐK

250 g rizs

150 g kagyló

¾ l halalaplé (lásd a húslevesek és szószok fejezetet)

1 nagy homár

1 evőkanál apróra vágott petrezselyem

2 db reszelt paradicsom

1 hagyma

1 gerezd fokhagyma

10 szál sáfrány

Olivaolaj

Só

FELDOLGOZÁS

Nyisd félbe a homárt. Öblítse le a kagylókat bő sós hideg vízben 2 órán keresztül.

A homár mindkét oldalát kevés olajon megpirítjuk. Tartalékoljuk, és ugyanabba az olajba adjuk az apróra vágott hagymát és fokhagymát. 10 percig pároljuk alacsony lángon.

Adjuk hozzá a sáfrányt, főzzük 30 másodpercig, emeljük fel a hőt és adjuk hozzá a paradicsomot. Addig pároljuk, amíg a paradicsom el nem veszíti az összes vizet.

Adjuk hozzá a rizst és főzzük 2 percig. Fürdjük meg a forrásban lévő húslével, hogy megsózzuk, és főzzük további 14 percig. Adjuk hozzá a kagylót és a homárt hússal lefelé. Lefedve állni hagyjuk 4 percig.

TRÜKK

Ahhoz, hogy ez a rizs édes legyen, hármas húslevest kell beletenni, mint rizst. És ha azt szeretné, hogy leves legyen, négyszer több húslevest kell hozzáadnia, mint a rizshez.

GÖRÖG RIZS

ÖSSZETEVŐK

600 g rizs

250 g friss kolbász

100 g szalonna apróra vágva

100 g pirospaprika

100 g hagyma

50 g borsó

1 l húsleves

1 babérlevél

1 szál kakukkfű

Só, bors

FELDOLGOZÁS

A hagymát és a pirospaprikát apróra vágjuk, és közepes lángon megdinszteljük.

A kolbászokat darabokra vágjuk, és a hagymás és borsos szószhoz adjuk. Adjuk hozzá a szalonnát és főzzük 10 percig.

Hozzákeverjük a rizst, majd hozzáadjuk a húslevest sóval, a borsóval és a fűszernövényekkel. Sózzuk, borsozzuk, és lassú tűzön főzzük további 15 percig.

TRÜKK

Piquillo paprika használható; Tökéletes édességet adnak majd.

RIZZS PENERÉRE

ÖSSZETEVŐK

600 g rizs

500 g paradicsom

250 g tiszta gomba

150 g vaj

90 g hagyma

75 g reszelt parmezán

1 és ¼ húsleves

12 szál sáfrány

Só

FELDOLGOZÁS

A felkockázott hagymát a vajban 10 percig, lassú tűzön megdinszteljük. Hozzáadjuk a paradicsomot apró darabokban, és további 10 percig pirítjuk, vagy amíg a paradicsom el nem veszíti az összes vizet.

Adjuk hozzá a rizst és főzzük 2 percig. Ezután hozzáadjuk a felvágott gombát és a sáfrányt.

Adjuk hozzá a forrásban lévő húslevest sós fokig, és főzzük körülbelül 18 percig, vagy amíg a rizs megpuhul. Adjuk hozzá a sajtot és keverjük össze.

TRÜKK

Ha a sáfrányt alufóliában enyhén megpirítjuk és a sóval együtt mozsárban elporítjuk, a sáfrány egyenletesen eloszlik.

HEVESES TEnger gyümölcsei RIZS

ÖSSZETEVŐK

500 g bomba vagy kerek rizs

1 ½ l hallé

1 hagyma

1 piros kaliforniai paprika

1 zöldpaprika

1 nagy reszelt paradicsom

2 gerezd fokhagyma

8 sáfrány szál

8 tintahal

Változatos kagylók (langoustin, carabinieri, stb.)

Olivaolaj

Só

FELDOLGOZÁS

Készítsünk halállományt csontokkal, halfejekkel és kagylókkal. Ehhez főzzünk mindent 25 percig alacsony lángon annyi vízzel, hogy főzés közben ellepje. Leszűrjük és sóval ízesítjük.

Közben a hagymát, a paprikát és a fokhagymát felkockázzuk, és kevés olajon megdinszteljük. Adjuk hozzá az apróra vágott tintahalat, és főzzük nagy lángon 2 percig. Hozzáadjuk a reszelt paradicsomot, és addig főzzük, amíg el nem fogy.

Adjuk hozzá a rizst és főzzük meg. Adjuk hozzá a sáfrányt, az alaplevet és főzzük közepes lángon 18 percig.

Az utolsó 2 percben adjuk hozzá a jól megtisztított és előzetesen, ha szükséges, rácson passzolt kagylót. 5 percig pihentetjük.

TRÜKK

Ha pár ñorát adunk a fumethez, a húsleves ízesebb és gyönyörű színe lesz.

RIZS HÁROM ÍGY

ÖSSZETEVŐK

400 g rizs

150 g főtt sonka

150 g borsó

3 sárgarépa

3 tojás

Olivaolaj

Só

FELDOLGOZÁS

A rizst kevés olajon megdinszteljük, majd forrásban lévő sós vízben megfőzzük.

Közben a sárgarépát meghámozzuk, apró kockákra vágjuk, és nagy lángon megpirítjuk. A borsót forrásban lévő, sós vízben 12 percig főzzük. Szűrjük le és frissítsük.

Készíts egy francia omlettet a 3 tojásból. A főtt sonkát apró kockákra vágjuk, és a rizzsel összekeverjük. 5 percig pároljuk alacsony lángon. Adjuk hozzá a sárgarépát, a borsót és a vékony csíkokra vágott tortillát.

TRÜKK

Ehhez a recepthez használjon jobb hosszú rizst. Megfelelő mennyiségű vízzel kell főzni.

MELOUS RIZS KÖRNYEL

ÖSSZETEVŐK

500 g bomba rizs

2 fogoly

1 hagyma

1 piros kaliforniai paprika

1 zöldpaprika

1 sárgarépa

2 gerezd fokhagyma

2 evőkanál sült paradicsom

1 babérlevél

Kakukkfű

pálinka

Olivaolaj

Só, bors

FELDOLGOZÁS

A fogolyokat feldaraboljuk és fűszerezzük. Egy serpenyőben nagy lángon pirítsd meg őket. Kivonás és tartalék. A paprikát, a hagymát, a fokhagymát és a sárgarépát ugyanabban az olajban megdinszteljük, finomra vágva.

Hozzáadjuk a sült paradicsomot és a pálinkát, és hagyjuk összeállni. Ezután hozzáadjuk a kakukkfüvet, a babérlevelet és a fogolyt. Felöntjük vízzel és egy csipet sóval, és lassú tűzön addig főzzük, amíg a fogoly megpuhul.

Amikor a fogoly megpuhult, vegye ki őket a léből, és csak 1 és fél litert hagyjon ugyanabban az edényben a főzőléből.

Forraljuk fel a levest sós fokig, adjuk hozzá a rizst és ismét a fogolyt. Körülbelül 18 percig főzzük, és a végén enyhén keverjük meg a rizst, hogy ragacsos legyen.

TRÜKK

Ez a recept egy éjszakán át elkészíthető. Csak a rizst kell hozzáadni.

VAD SPARAGUS ÉS LAZACRIZOTÓ

ÖSSZETEVŐK

240 g fa rizs

150 g parmezán

600 cl húsleves

1 pohár fehérbor

2 evőkanál vaj

4 vadspárga

1 hagyma

4 szelet füstölt lazac

FELDOLGOZÁS

Az apróra vágott hagymát 1 evőkanál vajban 10 percig, lassú tűzön megdinszteljük. Adjuk hozzá a rizst és főzzük még 1 percig. Adjuk hozzá a bort és hagyjuk teljesen elpárologni.

Közben a spárgát apró szeletekre vágjuk és megdinszteljük. lefoglal

Forraljuk fel a húslevest sós fokig, és adjuk a rizshez (a rizs fölött legyen egy ujjnyi). Alacsony lángon, állandó keverés mellett főzzük, miközben a folyadék elpárolog, adjunk hozzá több húslevest.

Amikor a rizs már majdnem kész (mindig hagyjuk egy kicsit leveses), hozzáadjuk a megpirított spárgát és a füstölt lazac csíkokat.

A végén parmezánnal, a másik evőkanál vajjal megkeverjük. Tálalás előtt 5 percig pihentetjük.

TRÜKK

A bor lehet vörös, rozé vagy cava is. A rizst előre elkészíthetjük. Ehhez csak 10 percig kell főzni a rizst, lefagyasztani, amíg ki nem hűl, és hűtőbe tesszük. Amikor el akarja készíteni, csak a forró húslevest kell hozzáadnia, és meg kell várnia, amíg a rizs megfő.

RIZS MONDHALLAL, CSIRKEBORSÓVAL ÉS SPENÓTTAL

ÖSSZETEVŐK

300 g rizs

250 g főtt csicseriborsó

250 g friss spenót

450 g ördöghal darabokban

750 ml hallé

10 szál sáfrány

2 gerezd fokhagyma

1 újhagyma

1 reszelt paradicsom

1 teáskanál paprika

Olivaolaj

Só, bors

FELDOLGOZÁS

Az ördöghalat sóval és borssal ízesítjük, majd forró paella serpenyőben megpirítjuk. Lefoglal.

Az újhagymát és a fokhagymát apróra vágjuk. Lassú tűzön 10 percig pároljuk ugyanabban a serpenyőben, ahol az ördöghal készült. Adjuk hozzá a feldarabolt spenótot, és főzzük további 3 percig.

Adjuk hozzá a paprikát és a sáfrányt, és főzzük 30 másodpercig. Hozzáadjuk a reszelt paradicsomot, és addig főzzük, amíg az összes vizet el nem veszíti.

Adjuk hozzá a rizst és főzzük 2 percig. Adjuk hozzá a levest sós fokig, és főzzük 15 percig. Adjuk hozzá az ördöghalat és a csicseriborsót, és főzzük további 3 percig.

TRÜKK

A többi a rizsben elengedhetetlen. Tálalás előtt legalább 4 percet kell hagynia.

RIZS VAGY CALDEIRO

ÖSSZETEVŐK

200 g rizs

150 g sovány sertéshús

150 g sertésborda

¼ nyúl

¼ l hús- vagy csirkehúsleves

10 szál sáfrány

2 db reszelt paradicsom

2 gerezd fokhagyma

1 kis piros kaliforniai paprika

1 hagyma

Olivaolaj

Só, bors

FELDOLGOZÁS

Sózzuk, borsozzuk, és nagy lángon megpirítjuk a sertéshúst, a nyulat és a felvágott tarját. Kivonás és tartalék.

Ugyanebben az olajban lassú tűzön 15 perc alatt megdinszteljük az apró kockákra vágott hagymát, borsot és fokhagymát. Hozzáadjuk a sáfrányt és a reszelt paradicsomot. Addig főzzük, amíg a paradicsom el nem veszíti az összes vizet.

Adjuk hozzá a rizst és főzzük 2 percig. Fürdjük le a húslevessel, és főzzük még 18 percig.

TRÜKK

A rizs legyen édes. Ha nem, a főzés végén adjunk hozzá még egy kis húslevest, és kissé keverjük össze.

FEKETE RIZS TALLÁMAL

ÖSSZETEVŐK

400 g rizs

1 l hallé

16 hámozott garnélarák

8 tintahal

1 gerezd fokhagyma

2 evőkanál paradicsomszósz

8 tintahal tinta boríték

½ hagyma

½ zöldpaprika

½ piros kaliforniai paprika

½ pohár fehérbor

Olivaolaj

Só

FELDOLGOZÁS

A hagymát, a fokhagymát és a paprikát apróra vágjuk, és serpenyőben, lassú tűzön mindent megpirítunk, amíg a zöldségek megpuhulnak.

Hozzáadjuk a tiszta, közepes darabokra vágott bébitintahalat, és nagy lángon 3 percig főzzük. Adjuk hozzá a paradicsomszószt, és főzzük további 5 percig.

Adjuk hozzá a bort, és hagyjuk teljesen lehűlni. Adjuk hozzá a rizst és a tintacsomagokat, és pirítsuk további 3 percig.

Adjuk hozzá a forrásban lévő levest sós fokig, és süssük 200 ºC-on 18 percig, vagy amíg meg nem szárad. Az utolsó 5 percben adjuk hozzá a garnélarákot, és tálalás előtt hagyjuk még 5 percig pihenni.

TRÜKK

A sült rizs végén könnyebben jól jön ki. Kísérjük egy jó aiolival.

PILAF RIZS

ÖSSZETEVŐK

300 g kerek szemű rizs

120 g vaj

60 g hagyma

600 ml csirkehúsleves (vagy forrásban lévő víz)

2 gerezd fokhagyma

1 szál kakukkfű, petrezselyem és babérlevél

FELDOLGOZÁS

A hagymát és a fokhagymát brunoise-ra vágjuk, és a vajban megpirítjuk anélkül, hogy kiszínezné.

Amikor kezd átlátszóvá válni, hozzáadjuk a bouquet garnit és a rizst. Addig pároljuk, amíg a rizst jól át nem impregnálja a vaj zsírja. Adjuk hozzá a levest vagy a forrásban lévő vizet sós fokig és keverjük össze.

Főzzük 6 vagy 7 percig nagy lángon, majd csökkentsük minimumra, fedjük le, és főzzük további 12 percig.

TRÜKK

Sütőben 12 percig 200 ºC-on készre süthetjük, amíg meg nem szárad. Ez a rizs főételként vagy húsok és halak kísérőjeként szolgál.

A HALAK ÉS TENGERÉLETEK FIDEUÁJA

ÖSSZETEVŐK

400 g vékony tészta

350 g paradicsom

250 g ördöghal

800 ml füstölő

4 scampi

1 kis hagyma

1 zöldpaprika

2 gerezd fokhagyma

1 evőkanál paprika

10 szál sáfrány

Olivaolaj

Só, bors

FELDOLGOZÁS

A tésztát olajon pirítsuk meg paellában vagy rakottban. Vegye ki és foglalja le.

Ugyanebben az olajban kisütjük a langusztikát és a borsos ördöghalat. Vegye ki és foglalja le.

Ugyanebben az olajban megdinszteljük az apróra vágott hagymát, borsot és fokhagymát. Adjuk hozzá a paprikát, a sáfrányt és a reszelt paradicsomot, és főzzük 5 percig.

Adjuk hozzá a tésztát és keverjük össze. Adjuk hozzá az alaplevet sós fokig, és főzzük közepes lángon 12 percig, vagy amíg a húsleves el nem párolog. Amikor 3 perc van a főzés befejezéséig, hozzáadjuk a langusztikát és az ördöghalat.

TRÜKK

Hozzá egy fekete aioli. Ehhez csak egy normál aiolit kell készíteni, és össze kell keverni egy kis zacskó tintahal tintával.

PUTANESCA TÉSZTA

ÖSSZETEVŐK

1 doboz 60 g-os szardella

2 gerezd fokhagyma

2 evőkanál kapribogyó

2 vagy 3 nagy reszelt paradicsom

20 db kimagozott fekete olajbogyó

1 cayenne

Cukor

Oregano

parmezán

FELDOLGOZÁS

Az apróra vágott szardellat a konzervdobozos olajon lassú tűzön addig pároljuk, amíg szinte el nem tűnnek. Adjuk hozzá a nagyon apróra tört fokhagymát, és lassú tűzön főzzük 4 percig.

Hozzáadjuk az apróra vágott kapribogyót, a reszelt paradicsomot és a kimagozott és negyedekre vágott olajbogyót. Körülbelül 10 percig főzzük közepes lángon a cayenne-nel együtt (ha a szósz megfőtt távolítsuk el), és ha szükséges, cukorral finomítsuk. Adjunk hozzá oregánót és parmezánt ízlés szerint.

Bármilyen tésztát főzzünk meg, és a tetejére adjuk a putanescát.

TRÜKK

Elkészítésébe tehetünk egy kis reszelt sárgarépát és vörösbort.

SPENÓT ÉS CANNELLONI KIRÁLYNŐ

ÖSSZETEVŐK

500 g spenót

200 g túró

75 g reszelt parmezán

50 g pirított fenyőmag

16 tésztalap

1 felvert tojás

Paradicsomszósz (lásd a Húslevesek és szószok részt)

Besamel szósz (lásd a húslevesek és szószok részt)

Só

FELDOLGOZÁS

A tésztalapokat bő forrásban lévő vízben kifőzzük. Távolítsa el, frissítse és szárítsa meg egy tiszta ruhán.

A spenótot forrásban lévő sós vízben 5 percig főzzük. Lecsepegtetjük és felfrissítjük.

Egy tálban összekeverjük a sajtokat, a fenyőmagot, a spenótot, a tojást és a sót. Töltsük meg a cannellonit a keverékkel, és adjunk hengeres formát.

Egy tepsire tegyünk egy paradicsomszószos alapot, a tetejére a cannellonit, és fejezzük be besamel szósszal. 40 percig sütjük 185 fokon.

TRÜKK

A töltelékhez bármilyen fajta sajt használható, és egy Burgos-féle sajttal kiegészíthető, hogy nagyobb állagot és simaságot biztosítson.

Spagetti tenger gyümölcsei

ÖSSZETEVŐK

400 g spagetti

500 g kagyló

1 hagyma

2 gerezd fokhagyma

4 evőkanál vizet

1 kis paradicsom

1 kis pohár fehérbor

½ chili

Olivaolaj

Só

FELDOLGOZÁS

Merítse a kagylókat 2 órára hideg vízbe, bő sóval, hogy jól megtisztítsa őket a maradék szennyeződésektől.

Miután megtisztult, fedett edényben főzzük meg 4 evőkanál vízzel és egy pohár borral. Amint kinyílnak, távolítsa el őket, és tartalékolja a főzővizet.

Az apróra vágott hagymát és fokhagymát 5 percig pároljuk. Adjuk hozzá a kockára vágott paradicsomot, és főzzük további 5 percig. Hozzáadjuk a chilit, és addig főzzük, amíg minden jól megpuhul.

Emeljük fel a hőt, és adjuk hozzá a kagylók főzéséből származó vizet. Főzzük 2 percig, amíg a bor teljesen el nem fogy, majd adjuk hozzá a kagylókat. Pároljuk még 20 másodpercig.

A spagettit külön-külön megfőzzük, leszűrjük, és hűtés nélkül megpároljuk a szósszal és a kagylóval.

TRÜKK

Ehhez az ételhez hozzáadhat néhány ördöghal, garnélarák vagy kagylókockát is. Az eredmény ugyanolyan jó.

FLORENTI FRISS TÉSZTA LASAGNA

ÖSSZETEVŐK

A tésztalapokhoz

100 g lisztet

2 tojás

Só

A paradicsomszószhoz

500 g érett paradicsom

250 g hagyma

1 gerezd fokhagyma

1 kis sárgarépa

1 kis pohár fehérbor

1 szál kakukkfű, rozmaring és babérlevél

1 sonkavég

A Mornay szószhoz

80 g liszt

60 g reszelt parmezán

80 g vaj

1 liter tej

2 tojássárgája

Szerecsendió

Só, bors

egyéb hozzávalók

150 g tiszta spenót

Reszelt parmezán

FELDOLGOZÁS

A tésztalapokhoz

A lisztet vulkán alakban elrendezzük az asztalon, és a középső lyukba tegyünk egy csipet sót és a tojásokat. Keverje össze az ujjaival.

Tenyerünkkel összegyúrjuk, golyót formázunk, és nedves ruhával letakarva 30 percig a hűtőben pihentetjük. Sodrófával nagyon vékonyra nyújtjuk, adagoljuk, megfőzzük és felfrissítjük.

A paradicsomszószhoz

A hagymát, a fokhagymát és a sárgarépát julienne csíkokra vágjuk, és a sonka hegyével együtt megdinszteljük. Adjuk hozzá a bort, és hagyjuk lehűlni. Adjuk hozzá a negyedekre vágott paradicsomot és a fűszernövényeket, majd fedjük le. 30 percig főzzük. Rektifikálja a sót és a cukrot. Távolítsuk el a fűszernövényeket és a sonkát, és turmixoljuk össze.

A Mornay szószhoz

Készítsünk besamelt (lásd a Húslevesek és szószok fejezetet) a fent jelzett gramm tömeggel. Hozzáadjuk a tűzről levéve a tojássárgáját és a sajtot.

Befejezni

A spenótot vékony julienne csíkokra vágjuk, és forrásban lévő vízben 5 percig főzzük. Kihűtjük és jól lecsepegtetjük. Keverjük össze a Mornay szósszal.

A paradicsomszószt egy forma alján tálaljuk, majd hozzáadjuk a friss tésztát, és befejezzük a spenóttal. Ismételje meg a műveletet 3-szor. A Mornay szósszal és a reszelt parmezánnal fejezzük be. 180°C-on 20 percig sütjük.

TRÜKK

Időt takaríthat meg, ha lasagne lapokat vásárolhat.

Spagetti CARBONARA MÁRTÁSSAL

ÖSSZETEVŐK

400 g tészta

100 g szalonna

80 g parmezán sajt

2 tojás

Olivaolaj

só és fekete bors

FELDOLGOZÁS

A szalonnát csíkokra vágjuk, és forró serpenyőben kevés olajon megpirítjuk. Lefoglal.

A spagettit forrásban lévő sós vízben megfőzzük. Közben verjük fel a 2 tojás sárgáját, és adjuk hozzá a reszelt sajtot egy csipet sóval és borssal együtt.

A tésztát hűtés nélkül leszűrjük, és anélkül, hogy hagynánk kihűlni, összekeverjük a felvert tojással. Főzzük a tészta saját hőjével. Adjuk hozzá a pancettát, és reszelt sajttal és borssal tálaljuk.

TRÜKK

A fehérjéből jó habcsókot lehet készíteni.

HÚS CANNELLONI GOMBÁS BESAMELLEL

ÖSSZETEVŐK

300 g gomba

200 g marhahús

12 tányér cannelloni vagy friss tészta (100 g liszt, 1 tojás és só)

80 g parmezán

½ liter tej

1 hagyma

1 zöldpaprika

2 gerezd fokhagyma

1 pohár paradicsomszósz

2 sárgarépa

40 g liszt

40 g vaj

fehérbor

Oregano

Szerecsendió

Só, bors

FELDOLGOZÁS

A zöldségeket apró kockákra vágjuk és megdinszteljük. Hozzáadjuk a húst, és tovább sütjük, amíg a borjú elveszti rózsaszín színét. Évad. Adjunk hozzá fehérbort, és hagyjuk lehűlni. Adjuk hozzá a paradicsomszószt és főzzük 30 percig. Adjunk hozzá egy kis oregánót, és hagyjuk kihűlni.

Külön-külön készítsünk besamelszószt a vajból, lisztből, tejből és szerecsendióval (lásd a Húslevesek és szószok fejezetet). Ezután megdinszteljük a gombát, és összeturmixoljuk a bésamellel.

Főzzük meg a cannelloni tányérokat. Töltsük meg a tésztát hússal és csomagoljuk be. Megdinszteljük a gombás besamel szósszal, és megszórjuk reszelt parmezánnal. 190 fokon 5 percig sütjük, majd grillre sütjük.

TRÜKK

Hogy ne essen szét, mindig hidegen törje meg a cannellonit. Ezután már csak az adagokat kell felmelegíteni a sütőben.

CSOPORTOS ÉS TALLÁM LASAGNA

ÖSSZETEVŐK

a besamelhez

50 g vaj

50 g lisztet

1 liter tej

Szerecsendió

Só

paprika szósz

2 nagy piros kaliforniai paprika

1 kis hagyma

Olivaolaj

Cukor

Só

A töltelékhez

400 g-os csupor

250 g tintahal

1 nagy hagyma

1 nagy piros kaliforniai paprika

előfőzött lasagne lapok

FELDOLGOZÁS

a besamelhez

Készítsünk besamel szószt úgy, hogy a lisztet megdinszteljük a vajjal és hozzáadjuk a tejet. Folyamatos kevergetés mellett 20 percig főzzük, majd sóval és szerecsendióval ízesítjük.

paprika szósz

A paprikát megpirítjuk, és ha megsült, lefedve 15 percig pihentetjük.

Közben a hagymát bő olajon megdinszteljük. A paprikát meghámozzuk, hozzáadjuk a hagymához, és 5 percig főzzük. Távolítson el egy kevés olajat, és keverje össze.

Szükség esetén finomítsa a sót és a cukrot.

A töltelékhez

A megfonnyalt hagymát és a borsot megdinszteljük, majd hozzáadjuk a hagymát. 3 percig nagy lángon pároljuk, majd hozzáadjuk a tintahalat. puhára főzzük.

Tegyük besamel sütőlapra és a tetejére egy réteg lasagne tésztát. Töltsük meg a hallal. Ismételje meg a műveletet 3-szor.

Besamellel megkenjük, és 170 ºC-on 30 percig sütjük.

A tetejére borsos szósszal tálaljuk.

TRÜKK

Ha egy kis főtt és összetört sárgarépát teszünk a bésamelhez, finomabb lesz.

VEGYES PAELLA

ÖSSZETEVŐK

300 g rizs

200 g kagyló

125 g tintahal

125 g garnélarák

700 ml hallé

½ apróra vágott csirke

¼ nyúl apróra vágva

1 szál rozmaring

12 szál sáfrány

1 paradicsom

1 újhagyma

½ piros kaliforniai paprika

½ zöldpaprika

1 gerezd fokhagyma

Olivaolaj

Só, bors

FELDOLGOZÁS

A csirkét és a nyulat feldaraboljuk, fűszerezzük és nagy lángon megpirítjuk. Kivonás és tartalék.

A finomra vágott újhagymát, a paprikát és a fokhagymát ugyanabban az olajban 10 percig pirítjuk. Adjuk hozzá a sáfrányt és pároljuk 30 másodpercig. Adjuk hozzá a reszelt paradicsomot, és főzzük, amíg az összes víz el nem fogy. Emeljük fel a hőt, és adjuk hozzá az apróra vágott tintahalat. Főzzük 2 percig. Hozzáadjuk a rizst, 3 percig pároljuk, és a lével sózzuk.

Nyissa ki a kagylókat egy fedett edényben, kevés vízzel. Amint kinyitják, vedd ki és foglald le.

Melegítsük elő a sütőt 200 fokra, és süssük körülbelül 18 percig, vagy amíg a rizs meg nem szárad. Az utolsó pillanatban adjuk hozzá a garnélarákot. Távolítsa el és oszlassa el a kagylót a tetején. Fedjük le egy kendővel és hagyjuk 4 percig pihenni.

TRÜKK

Amikor a száraz rizsleveshez sót adunk, mindig a szokásosnál kicsit több sót kell hozzáadni.

NÖVÉNYI LASAGNA FRISS SAJTOKKAL ÉS KÖMÉVEL

ÖSSZETEVŐK

3 nagy sárgarépa

2 nagy hagyma

1 nagy piros kaliforniai paprika

1 nagy padlizsán

1 nagy cukkini

1 dl Philadelphia típusú sajt

Reszelt sajt

őrölt kömény

lasagne tészta

besamel szósz

FELDOLGOZÁS

A zöldségeket apróra vágjuk, és ebben a sorrendben megpirítjuk: sárgarépa, hagyma, paprika, padlizsán és cukkini. Hagyjon 3 perc különbséget mindegyik között. Ha megpirult, adjunk hozzá sajtot és köményt ízlés szerint. Lefoglal.

A lasagne tésztát a gyártó utasításait követve főzzük meg, miközben besamel szószt készítünk (lásd a Húslevesek és szószok fejezetet).

Egy sütőnek megfelelő tálcába tegyünk egy réteg besamelt, még egy réteg lasagne tésztát, majd a zöldségeket. Ismételje meg ezt a műveletet 3-szor, a végén egy réteg besamellel és reszelt sajttal a tetejére. 190 fokon süssük aranybarnára a sajtot.

TRÜKK

A kenhető friss sajtok széles választéka áll rendelkezésre. Készíthető némi kecskével, fűszernövényekkel, lazaccal stb.

TÉTEL JOGhurttal, TONHALÉSZTÉTEL

ÖSSZETEVŐK

400 g tészta

50 g parmezán

2 evőkanál krémsajt

1 evőkanál oregánó

2 doboz tonhal olajban

3 joghurt

Só, bors

FELDOLGOZÁS

Turmixgépben turmixgépben turmixold össze a ki nem csöpögtetett tonhalat, sajtot, joghurtot, oregánót, parmezánt, sót és borsot. Lefoglal.

A tésztát bő, sós vízben kifőzzük, és hűtés nélkül leszűrjük. A még forró tésztával összekeverjük a szósszal és tálaljuk.

TRÜKK

Ebből a szószból finom hideg tészta salátát lehet készíteni majonéz nélkül.

BURGONYÁS GNOCCHI KÉKSAJTSZÓZSSZAL ÉS PISZÁCIÁVAL

ÖSSZETEVŐK

1 kg burgonya

250 g liszt

150 g tejszín

100 g kék sajt

30 g héjas pisztácia

1 pohár fehérbor

1 tojás

Szerecsendió

Só, bors

FELDOLGOZÁS

A burgonyát megmossuk, héjával és sóval együtt 1 órán át főzzük. Lecsöpögtetjük, és hagyjuk kihűlni, hogy meg tudjuk hámozni őket. A burgonyadarálón átpasszírozzuk, hozzáadjuk a tojást, sót, borsot, szerecsendiót és a lisztet. Addig gyúrjuk, amíg nem tapad a kezünkhöz. 10 percig pihentetjük. Ezután a tésztát kis golyókra (gnocchi) osztjuk.

A kéksajtot megfőzzük a borban, és folyamatosan kevergetve addig keverjük, amíg a bor szinte teljesen le nem fogy. Adjuk hozzá a tejszínt és főzzük 5 percig. Sózzuk, borsozzuk, majd hozzáadjuk a pisztáciát.

A gnocchit bő forrásban lévő vízben megfőzzük, leszűrjük és mártással.

TRÜKK

A gnocchi megfőtt, amikor elkezd lebegni.

CARBONARA LAZACTÉSZTA

ÖSSZETEVŐK

400 g spagetti

300 g lazac

60 g parmezán

200 ml folyékony tejszín

1 kis hagyma

2 tojás

Olivaolaj

Só és őrölt fekete bors

FELDOLGOZÁS

A spagettit bő, sós vízben megfőzzük. Közben a sajtot lereszeljük, a lazacot pedig darabokra vágjuk.

A hagymát kevés olajon megpirítjuk, majd hozzáadjuk a lazacot és a tejszínt. Addig főzzük, amíg a lazac elkészül, majd sózzuk, borsozzuk. A tűzről levéve hozzáadjuk a tojást és a reszelt parmezánt.

Tálaljuk a frissen készült spagettit a carbonarával együtt.

TRÜKK

Ha ehhez a szószhoz egy kis szalonnát teszünk, akkor néhány sült padlizsánhoz tökéletes töltelék lesz.

TÉMÉRET vargányával

ÖSSZETEVŐK

400 g tészta

300 g tiszta vargánya

200 g folyékony tejszín

1 gerezd fokhagyma

1 pohár brandy

Só

FELDOLGOZÁS

A tésztát bő, sós vízben megfőzzük. Szűrjük le és frissítsük.

A finomra vágott gerezd fokhagymát megpirítjuk, és hozzáadjuk a felszeletelt gombát. 3 percig nagy lángon főzzük. Adjuk hozzá a pálinkát, és hagyjuk, hogy majdnem megszáradjon.

Hozzáadjuk a tejszínt, és további 5 percig főzzük. Tányérra tesszük a tésztát és a szószt.

TRÜKK

Ha nem vargányaszezon van, remek lehetőség a szárított gomba.

PIZZA GRILL

ÖSSZETEVŐK

A tömeghez

250 g liszt

125 g langyos víz

15 g frissen sajtolt élesztő

Olivaolaj

Só

Barbecue szósz

1 csésze sült paradicsom

1 csésze ketchup

½ csésze ecet

1 teáskanál oregánó

1 teáskanál kakukkfű

1 teáskanál kömény

1 gerezd fokhagyma

1 doboz Coca Cola

1 apróra vágott cayenne

½ hagyma

Olivaolaj

Só, bors

egyéb hozzávalók

Darált marhahús (ízlés szerint)

Szeletelt csirkemell (ízlés szerint)

Vágott bacon (ízlés szerint)

válogatott reszelt sajt

FELDOLGOZÁS

A tömeghez

Tedd a lisztet egy tálba egy csipet sóval és készíts belőle vulkánt. Adjunk hozzá egy csepp olajat, a vizet, a morzsolt élesztőt, és dagasszuk 10 percig. Fedjük le ruhával vagy átlátszó fóliával, és hagyjuk 30 percig pihenni.

Ha a tészta eredeti térfogata a duplájára nőtt, lisztezzük ki a munkaasztalt és nyújtsuk kör alakúra.

Barbecue szósz

A hagymát és a fokhagymát apróra vágjuk, megpirítjuk. Adjuk hozzá a sült paradicsomot, a ketchupot, az ecetet és főzzük 3 percig. Adjuk hozzá a cayenne-t, az oregánót, a kakukkfüvet és a köményt. Keverjük össze és adjuk hozzá a Coca-Cola dobozt. Addig főzzük, amíg sűrű állagot nem kapunk.

Befejezni

A húst, a csirkét és a szalonnát egy serpenyőben megpirítjuk.

Egy tepsit kibélelünk sütőpapírral, és rátesszük a kinyújtott tésztát. Tegyünk egy réteg barbecue szószt, egy másik sajtot, egy másikat a húsokhoz, egy másik sajtot, és fejezzük be egy réteg szósszal

Melegítsük elő a sütőt 200 fokra, és süssük a pizzát körülbelül 15 percig.

TRÜKK

Ne tegyünk túl sok tölteléket a tetejére, mert az megakadályozza, hogy a tészta jól süljön, és nyers lesz.

FEHÉR KOLBSZOS RISZOTÓ VÖRÖSBORVAL ÉS ARUKULÁVAL

ÖSSZETEVŐK

240 g fás rizs (70 g személyenként)

150 g parmezán sajt

100 g friss rukkola

600 ml hús- vagy csirkehúsleves

2 német fehér kolbász

2 evőkanál vaj

1 hagyma

1 gerezd fokhagyma

1 pohár vörös fehérbor

Olivaolaj

Só

FELDOLGOZÁS

Hámozzuk meg és vágjuk apróra a hagymát és a fokhagymát. 1 evőkanál vajban lassú tűzön 10 percig pároljuk. Adjuk hozzá a rizst és főzzük további 1 percig. Adjuk hozzá a bort, és hagyjuk, amíg teljesen elpárolog.

Hozzáadjuk a forrásban lévő húslevest, majd sózzuk (1 ujjnyira legyen a rizs felett). Folyamatosan keverjük, és fogyasztás közben adjunk hozzá még húslevest.

A kolbászokat apró szeletekre vágjuk, és egy serpenyőben megpirítjuk. Amikor a rizs már majdnem megfőtt és kissé leveses, hozzáadjuk a pirított kolbászt.

A végén parmezánnal, a másik evőkanál vajjal megkeverjük. 5 percig állni hagyjuk. A rukkolát éppen tálaláskor tedd a tetejére.

TRÜKK

Ehhez a készítményhez a legjobb rizs az arborio vagy a carnaroli.

TÉTEL RÁKELLEL, NÖVÉNYI SZALAGAL ÉS SZÓJÁVAL

ÖSSZETEVŐK

400 g tészta

150 g hámozott garnélarák

5 evőkanál szójaszósz

2 sárgarépa

1 cukkini

1 póréhagyma

Olivaolaj

Só

FELDOLGOZÁS

A tésztát bő, forrásban lévő sós vízben megfőzzük. Szűrjük le és frissítsük.

Közben a póréhagymát megtisztítjuk és vékony, hosszú rudakká vágjuk. Burgonyapucolóval felszeleteljük a cukkinit és a sárgarépát.

A zöldségeket forró serpenyőben kevés olajon 2 percig pároljuk. Hozzáadjuk a garnélarákot, és további 30 másodpercig pirítjuk. Adjuk hozzá a szójababot és a tésztát, és főzzük még 2 percig.

TRÜKK

Sózni nem szükséges a szószhoz, mert a szójában már sok van belőle.

TÉTA ROSSEJAT TINTÁHAL ÉS RÁKREKKEL

ÖSSZETEVŐK

1 kg tintahal

400 g vékony tészta

1 l hallé

16 hámozott garnélarák

3 gerezd fokhagyma

1 evőkanál paprika

¼ liter olívaolaj

FELDOLGOZÁS

A tintahalat darabokra vágjuk, és a fokhagymával együtt serpenyőben megpirítjuk. Lefoglal.

A tésztát bő olajon jól megpirítjuk. Amikor aranybarnák, kivesszük és leszűrjük.

Adjuk hozzá a tésztát a paella serpenyőbe, adjuk hozzá a paprikát és pirítsuk 5 másodpercig. Az alaplével megnedvesítjük, hozzáadjuk a sült fokhagymát és a tintahalat.

Amikor a tészta már majdnem kész, hozzáadjuk a garnélarákot. Hagyjuk állni 3 vagy 4 percig, és forrón tálaljuk.

TRÜKK

A legjellemzőbb az, hogy ezt az ételt aioli szósszal kísérik.

SZERTÉS HAJJÚ TÉTEL KABRALES

ÖSSZETEVŐK

250 g tészta

200 g cabrales sajt

125 ml fehérbor

¾l tejszín

4 csík karaj steak

Olivaolaj

Só, bors

FELDOLGOZÁS

A karajt vékony csíkokra vágjuk. Sózzuk, borsozzuk, majd forró serpenyőben megpirítjuk. Lefoglal.

Feltesszük a bort a sajttal redukálni. Folyamatos keverés mellett hozzáadjuk a tejszínt, és lassú tűzön 10 percig főzzük. Adjuk hozzá a karajt, és főzzük még 3 percig.

A tésztát bő, forrásban lévő, sós vízben kifőzzük. Szűrjük le, de ne frissítsük. Adjuk hozzá a tésztát a szószhoz, és keverjük 1 percig.

TRÜKK

A tésztát célszerű az utolsó pillanatban megfőzni, mert így jobban tapadnak hozzá a szószok.

HEGYI Pörkölt

ÖSSZETEVŐK

200 g fehér bab

200 g sertésborda

150 g friss szalonna

100 g friss chorizo

1 evőkanál paprika

2 burgonya

1 disznófül

1 csülökcsont

1 malac ügető

1 fekete puding

1 fehérrépa

1 nyakörv zöldje

Só

FELDOLGOZÁS

Hagyja ázni a babot 12 órán át.

Az összes húst és a paprikát a babbal együtt lassú tűzön, hideg vízben 3 órán át, vagy amíg megpuhul. Vedd ki a húsokat, mert megpuhultak.

Amikor a bab már majdnem megfőtt, hozzáadjuk a fehérrépát és a közepes darabokra vágott burgonyát, és 10 percig főzzük.

Külön főzzük puhára a juliened káposztát. Adjuk hozzá a pörkölthöz, és főzzük még 5 percig. Rektifikálja a sót.

TRÜKK

A húst feldaraboljuk és egy tálon tálaljuk, a pörköltet pedig turénban tálaljuk.

TOLOSABAB

ÖSSZETEVŐK

500 g Tolosa bab

125 g bacon

3 gerezd fokhagyma

1 zöldpaprika

1 hagyma

1 kolbász

1 fekete puding

Olivaolaj

Só

FELDOLGOZÁS

Tedd ázni a babot 10 órára.

A babot a baconnel, a chorizóval és a fekete pudinggal leöntjük hideg vízzel. ½ hagymával és egy csepp olajjal együtt megdinszteljük. Kb. 2 hektáron főzzük nagyon alacsony lángon.

A paprikát a többi hagymával és fokhagymával együtt apróra vágjuk. Lassan pirítsuk 10 percig, és adjuk hozzá a babhoz. Ízesítsük sóval és főzzük még 3 percig.

TRÜKK

Ha a pörkölt sütés közben kiszárad, adjunk hozzá hideg vizet.

A LIÉBANA-VÖLGY COCIDO

ÖSSZETEVŐK

300 g csicseriborsó

500 g fekete puding

250 g rántást

175 g márványos szalonna

3 burgonya

3 kolbász

½ káposzta

1 csípőcsont

1 térdcsont

Só

FELDOLGOZÁS

Áztassuk a csicseriborsót forró vízbe 12 órára.

A húsokat egy nagy fazékba tesszük, és lassú tűzön 1 órán át főzzük. Adjuk hozzá a csicseriborsót, és főzzük még 2 órán át, vagy amíg a bab majdnem megpuhul.

Ezután adjuk hozzá a pácolt káposztát és a közepes darabokra vágott burgonyát. Tegyünk egy csipet sót.

Az összes húst adagoljuk, és a maradék pörkölttel vagy külön tálaljuk.

TRÜKK

Használjon kis csicseriborsót, például lebaniego-t vagy pedrosillano-t. Ha disznófülűt vagy pofát is teszünk hozzá, az még tapintatlanabbá teszi a pörköltet.

ÖZVEGYBAB

ÖSSZETEVŐK

400 g bab

1 kis hagyma

1 kis póréhagyma

2 gerezd fokhagyma

1 sárgarépa

1 babérlevél

Só

FELDOLGOZÁS

A babot előző este beáztatjuk.

A hüvelyeseket a hagymával, a póréhagymával, a fokhagymával, a sárgarépával és a babérlevéllel együtt egy edénybe tesszük. Felöntjük hideg vízzel, és 3 órán át főzzük, vagy amíg a bab megpuhul.

Ha letelt az idő, távolítsunk el minden zöldséget, daráljuk le és adjuk vissza a babhoz. Tegyünk egy csipet sót.

TRÜKK

Hogy a pörkölt enyhén sűrű legyen, keverjünk össze a zöldségekkel 1 evőkanál babot, és főzzük további 5 percig.

MADRID PÁROS

ÖSSZETEVŐK

300 g csicseriborsó

500 g marhacsont (térd)

500 g hámozott burgonya

500 g fekete puding

150 g chorizo

150 g bacon (bacon)

¼ sonka csont

1 kis csirke

1 kis káposzta

2 gerezd fokhagyma

Paprika

Tészta

FELDOLGOZÁS

Áztassa a csicseriborsót meleg vízben 12 órán át.

Tegye a csontokat és a húst egy fazékba hideg vízzel. Az első forralásnál jól lefölözzük.

A víz már felforrt, hozzáadjuk a hálóba tett csicseriborsót. puhára főzzük. Kivesszük és addig főzzük a húslevest, amíg a húsok megpuhulnak. Vegye ki őket úgy, ahogy vannak.

Külön főzzük meg a csíkokra vágott káposztát és a burgonyát.

Ezután megdinszteljük a káposztát a fokhagymagerezdekkel és a paprikával. Tálaljuk a húslevest tésztával az egyik oldalon; a másikon pedig adag húsok, káposzta és burgonya.

TRÜKK

Az utolsó percekben adjunk hozzá néhány mentalevelet a húsleveshez.

ESCUDELLA

ÖSSZETEVŐK

1 kg csicseriborsó

250 g fehér kolbász

250 g fekete kolbász

75 g sovány darált marhahús

75 g darált sovány sertéshús

2 sonka csont

2 marha térdcsont

2 csirke csikk

2 disznó ügető

½ tyúk

4 közepes sárgarépa

2 nagy burgonya

1 nagy póréhagyma

1 szár zeller

1 gerezd fokhagyma

½ kis káposzta

1 evőkanál zsemlemorzsa

1 tojás

tészta

Liszt

Só, bors

FELDOLGOZÁS

Hagyja a csicseriborsót forró vízben ázni 12 órán át.

Vizet forralni. Hozzáadjuk a megtisztított póréhagymát és a káposztát, a meghámozott sárgarépát, a burgonyát és a zellert, a csirkét, a csirke hátát, a csontokat és a sertés ügetőt. Jól lefejtjük, és hozzáadjuk a hálóba tett csicseriborsót. 3 órán át főzzük (ha túlságosan elpárologna, adjunk hozzá forró vizet).

A darált húst összedolgozzuk a zsemlemorzsával, a tojással, az apróra vágott fokhagymával, sóval, borssal. Ebből a keverékből fasírtokat készítünk.

A pörköltről leszűrjük a húslevest, tartalékoljunk ¼ l-t, és a többiben 45 percig főzzük a lisztezett húsgombócokat és a kolbászt.

Főzzünk 4 marék tésztát a fenntartott húslevesben. Tekintse át és javítsa ki a sópontot. Külön tálaljuk.

TRÜKK

Az eredeti tészta ehhez a recepthez az úgynevezett galets.

FABADA

ÖSSZETEVŐK

500 g bab

100 g sonka

100 g szalonna

2 asztúriai kolbász

2 asztúriai vérkolbász

2 gerezd fokhagyma

1 hagyma

Só

FELDOLGOZÁS

A babot előző nap hideg vízbe áztatjuk. A húst előző nap meleg vízbe áztatjuk.

Az áztatásból származó vizet öntsük a rakottba, és adjuk hozzá az összes hozzávalót, beleértve a hagymát és a fokhagymát is.

Amikor elkezd főni, leszedjük. Főzés közben 3-szor ijesztgesse.

Addig főzzük, amíg a bab megpuhul. Rektifikálja a sót.

TRÜKK

Ha maradt bab, készíthetünk babkrémet és húslevest. A tetejére tesszük a finomra vágott húsokat, és fokhagymával megdinszteljük.

HUMMUSZ CSIRKE

ÖSSZETEVŐK

600 g főtt csicseriborsó

2 evőkanál szezámolaj

1 evőkanál őrölt kömény

2 gerezd fokhagyma

citrom levét

Paprika

15 cl olívaolaj

Só, bors

FELDOLGOZÁS

A csicseriborsót, a köményt, a fokhagymát központi csírája nélkül, a szezámolajat és a citromlevet turmixgépben turmixoljuk össze. Adja hozzá az olívaolajat a fonalhoz.

Sózzuk és borsozzuk. Tányérra tesszük és a tetejére teszünk egy csipet paprikát.

TRÜKK

Ugyanez a recept elkészíthető, de fehér babból. Az eredmény finom.

LENCSÉT TINTÁHAL ÉS KAGYGYÓL

ÖSSZETEVŐK

200 g lencse

1 kis tintahal

16 kagyló

2 paradicsom

1 sárgarépa

1 hagyma

½ piros kaliforniai paprika

½ zöldpaprika

1 evőkanál paprika

1 babérlevél

Só

FELDOLGOZÁS

A lencsét vízben lefedve főzzük meg az összes tiszta zöldséggel, a paprikával, a babérlevéllel és egy csepp olajjal.

30 perc elteltével kivesszük a zöldségeket és felaprítjuk. Adjuk vissza a lencséhez. Addig főzzük, amíg a hüvelyes meg nem puhul.

Sózzuk, és hozzáadjuk az előzőleg megtisztított kagylót és tintahalat darabokra vágva. Főzzük még 2 percig, és forrón tálaljuk.

TRÜKK

Az öblítés azt jelenti, hogy a kagylókat bő sós hideg vízbe merítjük 2 órára az összes szennyeződés eltávolítása érdekében.

FABES KAGYLÓVAL

ÖSSZETEVŐK

400 g bab

500 g kagyló

½ pohár fehérbor

2 gerezd fokhagyma

1 kis zöld kaliforniai paprika

1 kis paradicsom

1 hagyma

1 póréhagyma

apróra vágott friss petrezselyem

Olivaolaj

FELDOLGOZÁS

A babot előző nap hideg vízbe áztatjuk.

A babot, a borsot, a fél hagymát, a megtisztított póréhagymát, 1 gerezd fokhagymát és a paradicsomot egy lábasba tesszük. Felöntjük hideg vízzel, és 3 órán át főzzük, vagy amíg a bab megpuhul.

Külön megdinszteljük a másik fél hagymát és a maradék fokhagymát nagyon apróra vágva. Adjuk hozzá a kagylót, és fürdessük meg a borral. Hagyja kicsit csökkenteni.

Adjuk hozzá a kagylókat a babhoz, és főzzük további 2 percig. Megszórjuk a petrezselyemmel.

TRÜKK

3-szor megkeverjük, hogy a bab puhább legyen.

KATALÓNI BAB

ÖSSZETEVŐK

300 g friss szemes bab

50 g fehér kolbász

50 g fekete kolbász

50 g szalonna

250 g csirkehúsleves

½ pohár fehérbor

1 evőkanál petrezselyem

4 gerezd fokhagyma

2 paradicsom

1 újhagyma

Olivaolaj

Só

FELDOLGOZÁS

A babot bő, forrásban lévő sós vízben 12 percig főzzük. Lecsepegtetjük, lehűtjük és lefőzzük.

A kolbászokat szeletekre, a szalonnát rudakra vágjuk.

A kolbászokat forró olajban, a szalonnát pedig több részletben megpirítjuk, ügyelve arra, hogy ne essen szét. Visszavonás.

Ugyanebben az olajban lassú tűzön megdinszteljük az újhagymát és a fokhagymát apró kockákra vágva. Hozzáadjuk a reszelt paradicsomot, és addig főzzük, amíg az összes vizet el nem veszti.

Hozzáadjuk a babot, és megfürdetjük a borral. Hagyjuk a maximumra langyosodni, és nedvesítsük meg a csirkehúslevessel. Hozzáadjuk a húsokat, és további 6 percig főzzük, amíg a szósz el nem fogy. Sózzuk, a tetejét megszórjuk apróra vágott petrezselyemmel.

TRÜKK

A petrezselymet helyettesíthetjük 4 apróra vágott mentalevéllel.

BAB RIZSEL

ÖSSZETEVŐK

400 g pinto bab

150 g rizs

4 gerezd fokhagyma

2 burgonya

1 zöldpaprika

1 hagyma

1 sárgarépa

1 babérlevél

Paprika

Só

FELDOLGOZÁS

Hagyja a babot vízben 12 órán át.

A babot lassú tűzön főzzük meg a fokhagymával, sárgarépával, babérlevéllel, borssal, hagymával, burgonyával és egy kevés paprikával együtt. Addig pároljuk, amíg a bab majdnem készen nem lesz.

Adjuk hozzá a rizst, ízesítsük sóval, és közepes lángon főzzük tovább, amíg a rizs elkészül.

TRÜKK

Távolítsunk el minden zöldséget, daráljuk le, és adjuk vissza a babhoz. Több ízt ad a pörköltnek és besűríti a húslevest.

BAB ökörfarkokkal

ÖSSZETEVŐK

400 g bab

1 ökörfarkkóró

1 l húsleves

½ liter vörösbor

2 evőkanál paradicsomszósz

1 evőkanál paprika

2 rúd zeller

1 szál kakukkfű

1 szál rozmaring

4 sárgarépa

2 hagyma

1 közepes olasz zöld kaliforniai paprika

Olivaolaj

Só, bors

FELDOLGOZÁS

Hagyja a babot vízben 24 órán át.

Tegye a babot egy edénybe a sárgarépával, a zellerrel, a hagymával, a paprikával és a paprikával együtt. Felöntjük hideg vízzel, felforraljuk és lecsöpögtetjük. Kb. 3 hektáron főzzük alacsony lángon.

A farkát külön-külön sóval és borssal megbarnítjuk. Kivonás és tartalék.

Az apróra vágott zöldségeket ugyanabban az olajban megpirítjuk. Sóhoz. Adjuk hozzá a paradicsomot, és fürdessük meg a borral. Főzzük nagy lángon, és hagyjuk a felére csökkenni. Adjuk hozzá az ökörfarkot, a húslevest és az aromás fűszernövényeket. Lassú tűzön főzzük körülbelül 4 órán keresztül, vagy amíg a hús nagyon könnyen leválik a csontról. Rektifikálja a sót.

Vegyük ki a babot a léből, és adjuk hozzá az ökörfarkkóróhoz. Forraljuk fel és tálaljuk.

TRÜKK

A bab főzéséből származó vízből csodálatos levest készíthet, vagy rizs készítésére használhatja.

FÜLÉS LENCE ÉS LACON

ÖSSZETEVŐK

300 g lencse

200 g tiszta disznófül

200 g sonka

2 babérlevél

2 kolbász

2 hagyma

1 zöldpaprika

1 piros kaliforniai paprika

1 sárgarépa

1 evőkanál paprika

1 paradicsom

Só

FELDOLGOZÁS

A fület 1 hagymával, 1 babérlevéllel és sóval forrásban lévő vízbe tesszük, és 75 percig főzzük.

A lencsét külön-külön hideg vízben főzzük meg a zöldségekkel, a paprikával, a sertéslapoccsal, a chorizóval és a másik babérlevéllel együtt. 30 percnél távolítsa el a húsokat, adagolja és tartsa le. A zöldségeket is kivesszük, pépesítjük és visszatesszük a pörkölthöz. Addig főzzük, amíg a hüvelyes megpuhul.

Ismét hozzáadjuk a fület és a feldarabolt húsokat, és tovább főzzük még 2 percig. Tegyünk egy csipet sót.

TRÜKK

Fontos, hogy a hüvelyesek utoljára kerüljenek ki. Különben zátonyra futnának; ami azt jelenti, hogy kemények lennének és elveszítenék a bőrüket.

FARMER VÁGÁSSAL

ÖSSZETEVŐK

350 g fehér bab

150 g hagyma

30 g szalonna

30 g szalonna

30 g sonka

30 g chorizo

1 zöldpaprika

1 gerezd fokhagyma

1 paradicsom

1 póréhagyma

Só

FELDOLGOZÁS

Hagyja a babot vízben 12 órán át.

Az összes hozzávalót egy edénybe tesszük, és hideg vízzel felöntjük. 3 órán át főzzük, vagy amíg a bab meg nem puhul.

A zöldségeket kivesszük, ledaráljuk, és visszatesszük a babhoz. Főzzük még 5 percig, és ízesítsük sóval.

TRÜKK

Hüvelyesek főzésekor mindig a végén sózzuk. Ez megakadályozza, hogy elveszítsék bőrüket és megkeményedjenek.

TRÜKK

Bár a szárított hüvelyesek közé tartozik, amelyek elkészítése rövidebb, 8 órán át hideg vízben áztatható. Így hamarabb megsülnek.

NYUL CSOKOLÁDÁBAN PIRITOTT MANDULUVAL

ÖSSZETEVŐK

1 nyúl

60 g reszelt étcsokoládé

1 pohár vörösbor

1 szál kakukkfű

1 szál rozmaring

1 babérlevél

2 sárgarépa

2 gerezd fokhagyma

1 hagyma

Csirkeleves (vagy víz)

Pirított mandula

Extra szűz olívaolaj

Só, bors

FELDOLGOZÁS

A nyulat feldaraboljuk, fűszerezzük és egy nagyon forró edényben megpirítjuk. Kivonás és tartalék.

Ugyanebben az olajban kis lángon megpirítjuk az apróra vágott hagymát, sárgarépát és fokhagymagerezdeket.

Hozzáadjuk a babérlevelet és a kakukkfű és a rozmaring ágait. Felöntjük a borral és a húslevessel, és lassú tűzön 40 percig főzzük. Rektifikálja a sót, és távolítsa el a nyulat.

A mártást turmixgépen öntsük át, és tegyük vissza az edénybe. Adjuk hozzá a nyulat és a csokoládét, és addig keverjük, amíg a csokoládé fel nem oldódik. Főzzük még 5 percig, hogy az ízek összeérjenek.

TRÜKK

A tetejét pirított mandulával fejezzük be. Ha cayenne-t vagy chilit adunk hozzá, fűszeres ízt ad.

FINOM GYÓGYNÖVÉNYVEL PENÉRZETT BÁRÁNYCRIADILLÁK

ÖSSZETEVŐK

12 egység bárány criadilla

1 teáskanál friss rozmaring

1 teáskanál friss kakukkfű

1 teáskanál friss petrezselyem

Liszt, tojás és zsemlemorzsa (a bevonáshoz)

Olivaolaj

Só, bors

FELDOLGOZÁS

Tisztítsa meg a criadillákat a körülöttük lévő két membrán eltávolításával. Vízzel és kevés ecettel alaposan mossuk le, majd csepegtessük le és szárítsuk meg.

Vágjuk fel és fűszerezzük a kriadillákat. Keverjünk össze néhány zsemlemorzsát a finomra vágott friss fűszernövényekkel. Lisztbe, tojásba és zsemlemorzsába mártjuk, majd bő, forró olajban kisütjük.

TRÜKK

Szórakoztatóbb és kreatívabb tésztát készíthetünk, ha a zsemlemorzsát zúzott keksszel helyettesítjük.

ESCALOPE ALLA MILANESA

ÖSSZETEVŐK

4 marha steak

150 g zsemlemorzsa

100 g parmezán sajt

2 tojás

Liszt

Olivaolaj

Só, bors

FELDOLGOZÁS

A filéket sóval, borssal és liszttel ízesítjük, majd a felvert tojáson, valamint a reszelt kenyér és parmezán keverékén átpasszírozzuk.

Alaposan megnyomkodjuk, hogy a zsemlemorzsa jól összetapadjon, és bő, forró olajban kisütjük.

TRÜKK

Ennek az ételnek a tökéletes kísérője a paradicsomos spagetti.

A LA JARDINERA húspörkölt

ÖSSZETEVŐK

1 kg véres kolbászhús

100 g gomba

1 pohár vörösbor

3 evőkanál sült paradicsom

1 szál kakukkfű

1 szál rozmaring

1 babérlevél

2 sárgarépa

1 hagyma

2 szegfűszeg

1 kis doboz borsó

Húsleves (vagy víz)

Olivaolaj

Só, bors

FELDOLGOZÁS

A húst feldaraboljuk, fűszerezzük és nagy lángon megpirítjuk. Vegye ki és foglalja le.

Az apró kockákra vágott hagymát és sárgarépát ugyanabban az olajban megdinszteljük. Ismét hozzáadjuk a húst, és felöntjük a vörösborral. Hagyjuk lecsillapítani, és adjuk hozzá a sült paradicsomot, a babérlevelet, a szegfűszeget és a kakukkfű és a rozmaring ágait.

Felöntjük húslével, és addig főzzük, amíg a hús megpuhul. Nem sokkal a főzés vége előtt adjuk hozzá a borsót és a negyedekre vágott pirított gombát.

TRÜKK

A főzés során egy fahéjrúd hozzáadásával a pörkölt meglepő hatást kelt.

FLAMENKINEK

ÖSSZETEVŐK

8 sonkás vagy sertéskaraj steak

8 szelet serrano sonka

8 szelet sajt

Liszt, tojás és zsemlemorzsa (a bevonáshoz)

Olivaolaj

Só, bors

FELDOLGOZÁS

A filéket sóval, borssal ízesítjük. Töltsük meg egy szelet sonkával és egy másik sajttal, és tekerjük fel magukra.

Liszten, felvert tojáson és reszelt kenyéren átpasszírozzuk, majd bő, forró olajban kisütjük.

TRÜKK

A zsemlemorzsát helyettesítheti gabonapelyhekkel vagy zúzott kikóval, hogy még szórakoztatóbb legyen.

FRICANDO BORJÚ

ÖSSZETEVŐK

1 kg marhafilé

300 g gomba

250 cl marhahúsleves

125 cl pálinka

3 paradicsom

1 hagyma

1 csokor aromás fűszernövények (kakukkfű, rozmaring, babérlevél...)

1 sárgarépa

Liszt

Olivaolaj

Só, bors

FELDOLGOZÁS

Fűszerezzük és lisztezzük a húst. Kevés olajon közepes lángon megpirítjuk és kivesszük.

Az apróra vágott sárgarépát és hagymát ugyanabban az olajban megpirítjuk, ahol a filé készült. Amikor puha, hozzáadjuk a reszelt paradicsomot. Jól pároljuk, amíg a paradicsom el nem veszíti az összes vizet.

Emeljük fel a hőt és adjuk hozzá a gombát. Főzzük 2 percig, majd nedvesítsük meg a pálinkával. Hagyjuk elpárologni, és ismét beledolgozzuk a tengeri herkentyűket.

Felöntjük húslével, és hozzáadjuk a fűszernövényeket. Sózzuk, és lassú tűzön 30 percig főzzük, vagy amíg a hús megpuhul. Lefedve még 30 percig állni hagyjuk.

TRÜKK

Ha nem gomba szezon, használhatjuk a kiszáradtakat is. Az íze csodálatos.

KÚRA CHORIZÓVAL ÉS KOLBÁSSAL

ÖSSZETEVŐK

10 friss kolbász

2 kolbász

4 púpozott evőkanál durumbúzaliszt

1 evőkanál paprika

1 sertésmáj

1 fej fokhagyma

2 dl olívaolaj

Só

FELDOLGOZÁS

A chorizót és a kolbászt darabokra vágjuk. Az olajjal közepes lángon kisütjük. Kivonás és tartalék.

A felkockázott májat és a fokhagyma felét ugyanabban az olajban megpirítjuk. Kivesszük és mozsárban összetörjük. Lefoglal.

Ugyanebben az olajban megpirítjuk a többi felszeletelt fokhagymát, hozzáadjuk a paprikát és egy kis lisztet.

Folyamatosan keverjük, amíg a liszt már nem lesz nyers. Felöntjük 7 dl vízzel, és kevergetve főzzük. Adjuk hozzá a mozsár majáját, a kolbászt és a chorizót. Helyezze ki a sót és távolítsa el.

TRÜKK

Jó kísérő lehet néhány fiatal fokhagymacsíra a grillen.

LAKON RÉPA FEJÉVEL

ÖSSZETEVŐK

1 ½ kg friss sertéshús

1 nagy csokor fehérrépa

3 kolbász

2 nagy burgonya

1 közepes hagyma

paprika (édes vagy csípős)

Olivaolaj

Só

FELDOLGOZÁS

Főzzük a sonkát körülbelül 2 órán át bő sós vízzel és a hagymával.

Amikor 30 perc van hátra a főzés befejezéséig, hozzáadjuk a chorizot és a vastag burgonyát (tépve, nem vágva).

A fehérrépa tetejét forrásban lévő vízből 10 percig főzzük. Drain és tartalék.

A sonkát, a chorizot, a burgonyát és a karalábé tetejét tálaláskor megszórjuk édes vagy csípős paprikával.

TRÜKK

A fehérrépa tetejét célszerű külön főzni, mert keserű a főzővíz.

BORJÚMÁJ VÖRÖSBORSZÓSZBAN

ÖSSZETEVŐK

750 g borjúmáj filé

100 g lisztet

75 g vaj

1 l húsleves

400 ml vörösbor

2 nagy hagyma

Olivaolaj

Só, bors

FELDOLGOZÁS

Addig főzzük a bort, amíg a térfogata felére csökken.

Közben tegyünk egy serpenyőbe 1 evőkanál vajat és egy másik lisztet. Lassú tűzön addig pároljuk, amíg a liszt enyhén megpirul. Folyamatos kevergetés mellett nedvesítsük meg borral és húslével. 15 percig főzzük, sózzuk, borsozzuk.

Fűszerezzük és lisztezzük a májat. Kevés olajon mindkét oldalát megpirítjuk. Kivonás és tartalék.

A finomra vágott hagymát ugyanezen az olajon, lassú tűzön 25 perc alatt megdinszteljük. Adjuk hozzá a májat és a szószt. Felforraljuk (nem forraljuk), és forrón tálaljuk.

TRÜKK

A vörösbor helyettesíthető fehérrel, lambruscóval, cavával, édes borral stb.

PÁROLT NYÚL

ÖSSZETEVŐK

1 nyúl

1 l húsleves

½ liter vörösbor

1 szál rozmaring

1 szál kakukkfű

4 gerezd fokhagyma

2 paradicsom

1 nagy hagyma

1 sárgarépa

1 póréhagyma

Olivaolaj

Só, bors

FELDOLGOZÁS

Vágjuk fel, fűszerezzük és pirítsuk meg a nyulat. Kivonás és tartalék.

A fokhagymát, a hagymát, a sárgarépát és a póréhagymát apróra vágjuk, és 20 percig pirítjuk ugyanabban az olajban, ahol a nyulat készítették.

Hozzáadjuk a reszelt paradicsomot, és addig főzzük, amíg az összes vizet el nem veszti. Tedd vissza a nyulat.

Adjuk hozzá a bort és a húslevest, adjuk hozzá az aromás fűszernövényeket, és lassú tűzön főzzük körülbelül 1 órán át, vagy amíg a nyúl megpuhul.

TRÜKK

A darabokra vágott nyulat 24 órán át pácolhatjuk a borban és a húslevesben az apróra vágott fűszernövényekkel és zöldségekkel együtt. Másnap csepegtessük le a nyulat, a folyadékokat és a zöldségeket tartalékoljuk, és az előző lépések szerint főzzük meg.

SZERTÉS BAJZ BAZARAKKAL

ÖSSZETEVŐK

1 kg egész sertéskaraj

1 pohár húsleves

1 boríték szárított hagymaleves

1 doboz őszibarack szirupban

Olivaolaj

Só, bors

FELDOLGOZÁS

A húst befűszerezzük, és egy serpenyőben minden oldalát megpirítjuk.

Adjuk hozzá az őszibarackot a szirup és a húsleves nélkül. Nagyon alacsony lángon főzzük 1 órán át, vagy amíg az őszibarack majdnem karamellizálódik. Ebben a pillanatban adjuk hozzá a hagymás leves borítékot, és főzzük további 5 percig.

Távolítsa el a karajt, és keverje össze a szószt. A karaj és a szósz adagoljuk.

TRÜKK

Ugyanezt meg lehet tenni a szirupos ananásszal és akár a sertés szűzpecsenyével is, de a főzési időt felére csökkentve.

FORLÁZOS SOVAR

ÖSSZETEVŐK

1 kg sovány sertéshús

1 doboz 800 g-os zúzott paradicsom

1 szál friss kakukkfű

1 nagy hagyma

2 gerezd fokhagyma

pálinka

Cukor

Olivaolaj

Só, bors

FELDOLGOZÁS

Sóval, borssal ízesítjük, és a soványt magas lángon megpirítjuk. Vegye ki a húst és tartsa le.

Ugyanabban az olajban megdinszteljük a brunoise-ra vágott hagymát és fokhagymát. Ismét hozzáadjuk a sovány húst, és pálinkával megfürdetjük.

Hagyjuk 2 percig állni, tegyük bele a paradicsomformát, a kakukkfüvet, és lassú tűzön főzzük, amíg a sovány hús megpuhul.

A sót és a cukrot kitisztítjuk, és további 5 percig főzzük.

TRÜKK

Néhány jó gombát is megpiríthatunk, és a pörkölthöz adhatjuk.

PÁROLT DISZNÓCSOPORTOK

ÖSSZETEVŐK

4 malac ügető

100 g serrano sonka

1 pohár fehérbor

1 kis teáskanál liszt

1 evőkanál paprika

4 gerezd fokhagyma

2 paradicsom

2 hagyma

1 babérlevél

1 sárgarépa

1 cayenne

Olivaolaj

Só és 10 szem bors

FELDOLGOZÁS

Főzzük az ügetőket hideg vízben 1 percig attól a pillanattól kezdve, hogy elkezdenek forrni. Cserélje ki a vizet, és ismételje meg ezt a műveletet háromszor. Ezután 1 hagymával, sárgarépával, 2 gerezd fokhagymával, babérlevéllel, borssal és sóval főzzük 2 és fél órán keresztül, vagy amíg a hús könnyen leválik a csontról. Foglald le a húslevest.

A másik hagymát és a többi fokhagymát apróra vágjuk. Körülbelül 10 percig pároljuk a felkockázott sonkával és a cayenne-nel együtt. Adjuk hozzá a lisztet és a paprikát. 10 másodpercig pirítjuk, majd hozzáadjuk a reszelt paradicsomot. Addig főzzük, amíg el nem veszíti az összes vizet. Felöntjük a borral, és nagy lángon addig főzzük, amíg a mártás majdnem meg nem szárad. Távolítsa el. Nedvesítse meg 200 ml ügetőfőzésből származó húslével, és folytassa a keverést, hogy ne ragadjon le. Lassú tűzön 10 percig főzzük, majd sóval ízesítjük. Az ügetőket kicsontozzuk, beletesszük a szószba, és még 2 percig főzzük.

TRÜKK

A kis kezeket megtöltheti azzal, amivel csak akarja. Csak csomagold be őket fóliába és hagyd kihűlni. Ezután már csak vastag szeletekre kell vágni, lisztezni, megpirítani és a szószban megfőzni.

morzsákat

ÖSSZETEVŐK

1 vekni állott kenyér

200 g chorizo

200 g sonka

4 olasz zöldpaprika

1 fej fokhagyma

FELDOLGOZÁS

Vágjuk a cipót apró kockákra, és hidratáljuk vízzel (nem lehet átázott).

A hámozatlan zúzott fokhagymát egy nagy serpenyőben megpirítjuk és félretesszük. Vágjuk fel a chorizót és a sonkát, és ugyanabban a serpenyőben pirítsuk meg. Kivonás és tartalék.

Pároljuk a kenyeret ugyanabban az olajban, ahol a chorizo készült, 30 percig lassú tűzön. Addig keverjük, amíg a kenyér omlós, de nem száraz lesz. Adjuk hozzá a többi hozzávalót és keverjük újra úgy, hogy a morzsa összekeveredjen a chorizóval és a sonkával.

TRÜKK

A Migas mellé szardínia, szőlő, tükörtojás stb.

TÖLTÖTT SZERTÉS KARAZ

ÖSSZETEVŐK

800 g nyitott sertés karaj

200 g Serrano sonka szelet

175 g szeletelt szalonna

90 g vegyes dió

75 g disznózsír

750 ml húsleves

150 ml fehérbor

1 púpozott evőkanál kukoricakeményítő

4 tojás

Só, bors

FELDOLGOZÁS

Fűszerezzük és felvert tojással fessük le a karajt. Töltsük meg a sonkaszeletekkel, szalonnával, szárított gyümölccsel és 3 főtt tojással.

Húshálóval lezárjuk és megkenjük a zsírral. Forró serpenyőben minden oldalát megpirítjuk. Tegyük át egy tepsibe, és süssük 180 fokon 30 percig. 5 percenként öntözzük húslével.

Hagyja a húst a tálcán kívül 5 percig pihenni.

Szedjük össze a levet a tálcáról, öntsük hozzá a bort, és egy kis serpenyőben melegítsük újra az egészet. Felforraljuk, és hozzáadjuk a kevés hideg vízzel hígított kukoricakeményítőt. Sózzuk és borsozzuk.

Filézze ki a karajt és a szószt.

TRÜKK

A húsok többi része alapvető fontosságú, mivel ez elősegíti, hogy a lé ne vesszen el, és az ízek homogenizálódjanak.

MARHA CARBONARA

ÖSSZETEVŐK

8 marha steak

500 g hagyma

100 g vaj

½ l húsleves

1 üveg sör

1 babérlevél

1 szál kakukkfű

1 szál rozmaring

Liszt

Olivaolaj

Só, bors

FELDOLGOZÁS

Fűszerezzük és lisztezzük a filét. A vajban mindkét oldalukat enyhén megpirítjuk. Kivonás és tartalék.

A finomra vágott hagymát a vajban megdinszteljük. Fedjük le az edényt, és lassú tűzön főzzük 30 percig.

Adjuk hozzá a steakeket és a sört. Közepes lángon addig főzzük, amíg a szósz majdnem megszárad.

Fürdjük le a húslevessel, és adjuk hozzá a fűszernövényeket. Lassú tűzön addig főzzük, amíg a hús megpuhul. Sóval ízesítjük, és letakarva 20 percig pihentetjük.

TRÜKK

Ha a húst túlsütjük, akkor kemény lesz, és hosszabb ideig kell főzni, amíg újra megpuhul. A legjobb, ha 5 vagy 10 percenként ellenőrizzük a keménységét.

BÁRÁNTYÚS ÉDESKENYÉREK BOLETUSZAL

ÖSSZETEVŐK

500 g bárány édeskenyér

250 g vargánya

1 pohár sherry bor

1 újhagyma

1 gerezd fokhagyma

Petrezselyem

Olivaolaj

Só, bors

FELDOLGOZÁS

Hűtse le a zúzát bő hideg vízben legalább 2 órán keresztül, 2-3 alkalommal cserélje ki a vizet. Ezután hideg vízzel lefedett kis serpenyőben főzzük meg őket. Hagyjon 10 másodpercet az első forrástól számítva, távolítsa el és frissítse. Távolítson el minden bőrt és zsírt, és filézze le.

Az apróra vágott újhagymát és fokhagymát forró serpenyőben megdinszteljük. Emeljük fel a hőt, és adjuk hozzá a fűszerezett zúzát. 2 percig pirítjuk, majd hozzáadjuk a megtisztított és filézett vargányát. Főzzük 2 percig, és fürdessük le a borral. Lassú tűzön hagyjuk langyosodni körülbelül 20 percig.

TRÜKK

Ennek az ételnek a sikere a türelemben rejlik, hogy megtisztítsa a zúzát. Ellenkező esetben keserűek és rossz ízűek lesznek.

MARHA OSSOBUCO NARANCSVAL

ÖSSZETEVŐK

8 ossobucos

1 l húsleves

1 pohár fehérbor

2 evőkanál borecet

1 hagyma

1 csokor aromás fűszernövények (kakukkfű, rozmaring, babérlevél...)

2 sárgarépa

2 szegfűszeg

½ reszelt narancs

2 narancs leve

½ citrom leve

1 kanál cukor

Vaj

Olivaolaj

Só, bors

FELDOLGOZÁS

Egy tálban összedolgozzuk a julienne csíkokra vágott hagymát, az apróra vágott sárgarépát, a levét, a szegfűszeget, az aromás fűszernövényeket és a fehérbort. Ízesítsük az ossobucot sóval és borssal, és pácoljuk 12 órán át ebben a keverékben. Lecsepegtetjük és tartalékoljuk a folyadékot.

A húst megszárítjuk, és serpenyőben nagyon magas lángon megpirítjuk. A pácolt zöldségeket külön-külön olajon megpirítjuk, és hozzáadjuk az ossobucost. Pároljuk puhára. Adjuk hozzá a fenntartott folyadékot, és főzzük nagy lángon 5 percig. Fürdjük meg a húslevessel. Fedjük le és főzzük körülbelül 3 órán keresztül, vagy amíg a csont könnyen leválik.

Közben a cukorral és az ecettel karamellt készítünk. Ráöntjük a szószra. Adjunk hozzá egy kis vajat és narancshéjat. Pár percig főzzük a hússal.

TRÜKK

Fontos, hogy az edény, ahol az ossobucos barnul, nagyon forró legyen, hogy a hús sokkal szaftosabb legyen.

KOLBÁSZOK A BORHOZ

ÖSSZETEVŐK

20 db friss kolbász

2 db zsemlehagyma

½ liter fehérbor

1 evőkanál lisztet

2 babérlevél

Olivaolaj

Só, bors

FELDOLGOZÁS

A kolbászokat nagy lángon megpirítjuk. Vegye ki és foglalja le.

A hagymát julienne csíkokra vágjuk, és lassú tűzön 40 percig pirítjuk ugyanabban az olajban, mint a kolbászt. Adjuk hozzá a lisztet és pároljuk 5 percig. Újra hozzáadjuk a kolbászokat, megfürdetjük a borral és beletesszük a babérlevelet.

20 percig főzzük, amíg az összes alkohol elpárolog, majd sózzuk és borsozzuk.

TRÜKK

Csodálatos változat készíthető, ha fehérbor helyett lambruscot adunk hozzá.

ANGOL HÚSPITE

ÖSSZETEVŐK

800 g darált marhahús

800 g burgonya

2 pohár vörösbor

1 pohár csirkehúsleves

4 tojássárgája

4 gerezd fokhagyma

2 közepes érett paradicsom

2 hagyma

4 sárgarépa

parmezán

Kakukkfű

Oregano

Olivaolaj

Só, bors

FELDOLGOZÁS

A burgonyát meghámozzuk, feldaraboljuk és megfőzzük. Lefoglal. A fokhagymát, a hagymát és a sárgarépát lereszeljük.

Fűszerezzük és pirítsuk meg a húst. Ezután hozzáadjuk a zöldségeket, és jól megfőzzük. Hozzáadjuk a reszelt paradicsomot és megpirítjuk. Adjuk hozzá a bort, és hagyjuk lehűlni. Fürdjük le a húslével, és várjuk meg, amíg a szósz majdnem megszárad. Adjunk hozzá kakukkfüvet és oregánót.

A burgonyát burgonyadarálón átpasszírozzuk, sózzuk, borsozzuk, majd hozzáadjuk a finomra reszelt parmezánt és a 4 tojássárgáját.

A húst nagyon szorosan egy formába tesszük, és rátesszük a pürét és a durvára reszelt parmezánt. 175 fokon 20 percig sütjük.

TRÜKK

Jó paradicsomszósszal, sőt grillszósszal is lehet mellé.

FORRASZTOTT BORJÚ KEREK

ÖSSZETEVŐK

1 kör marhahús

250 ml húsleves

250 ml fehérbor

1 szál kakukkfű

1 szál rozmaring

3 gerezd fokhagyma

2 sárgarépa

2 hagyma

1 reszelt paradicsom

Olivaolaj

Só, bors

FELDOLGOZÁS

Sózzuk, borsozzuk a kört, tegyük húshálóba, és nagyon forró serpenyőben pirítsuk meg. Kivonás és tartalék.

Az apróra vágott zöldségeket ugyanabban az olajban megpirítjuk. Ha megpuhult, hozzáadjuk a reszelt paradicsomot, és addig főzzük, amíg az összes vizet el nem veszti.

Fürdjük meg a borral, és hagyjuk, hogy térfogatának ¼-ére csökkenjen. Tegye vissza a húst, és nedvesítse meg a húslével. Adjuk hozzá az aromás fűszernövényeket.

Fedjük le és főzzük 90 percig, vagy amíg a hús megpuhul. A főzés felénél megfordítjuk. Vegyük ki a húst, és keverjük össze a szószt. Szűrjük le és rektifikáljuk a sót.

A húst kifilézzük, és a mártással fűszerezett kerek filét tálaljuk.

TRÜKK

180 ºC-os sütőben is elkészíthető, a sütés felénél megforgatva.

VESE JEREZBEN

ÖSSZETEVŐK

¾ kg sertésvese

150 ml sherry

1 pohár ecet

1 evőkanál paprika

1 szint evőkanál liszt

2 gerezd fokhagyma

1 hagyma

4 evőkanál olívaolaj

Só, bors

FELDOLGOZÁS

Merítse a megtisztított és feldarabolt vesét jeges vízbe és 1 pohár ecetbe 3 órára. Forraljunk fel vizet egy serpenyőben, és fordítsuk le a fedőt. Helyezze a veséket a tetejére, és tartsa a tűzön 10 percig, amíg el nem veszíti a folyadékot és a szennyeződéseket. Ezen idő elteltével mossa le bő hideg vízzel.

A hagymát és a fokhagymát apróra vágjuk. Süssük őket olajban alacsony hőmérsékleten 10 percig. Emeljük fel a hőt, és adjuk hozzá a veséket sóval, borssal, amíg aranybarnák nem lesznek.

Csökkentse a lángot, és adja hozzá a lisztet és a paprikát. 1 percig pirítjuk, majd felöntjük a sherryvel és 1 dl vízzel. Addig főzzük, amíg az összes alkohol el nem párolog. Rektifikálja a sót.

TRÜKK

A legfontosabb dolog ebben a receptben a vesék kimerítő tisztítása.

OSSOBUCO REGGELI

ÖSSZETEVŐK

6 ossobucos

250 g sárgarépa

250 g hagyma

¼ liter vörösbor

1 szál kakukkfű

½ fej fokhagyma

1 babérlevél

1 nagy érett paradicsom

hús háttér

Olivaolaj

Só, bors

FELDOLGOZÁS

Az ossobucót sóval, borssal ízesítjük, és mindkét oldalukat megpirítjuk. Kivonás és tartalék.

Az apróra vágott sárgarépát, hagymát és fokhagymát ugyanabban az olajban megdinszteljük. Sózzuk és hozzáadjuk a reszelt paradicsomot. Nagy lángon addig pároljuk, amíg az összes vizet el nem veszíti.

Újra hozzáadjuk az ossobucost, leöntjük a borral és 3 percig főzzük. Az aljával addig nedvesítsük, amíg a hús be nem fedi. Hozzáadjuk a fűszereket, és addig főzzük, amíg a hús elválik a csonttól. Rektifikálja a sót.

TRÜKK

Lehetőleg előző este pácoljuk be az összes zöldséget a hússal, a borral és a fűszernövényekkel. Az íz intenzitása nagyobb lesz.

IBÉRIAI TITOK HÁZI KÉSZÍTETT CHIMICHURRI MÁRTÁSSAL

ÖSSZETEVŐK

4 ibériai titok

2 evőkanál ecet

1 teáskanál friss petrezselyem

1 teáskanál paprika

1 teáskanál őrölt kömény

3 friss bazsalikom levél

3 gerezd fokhagyma

½ kis citrom leve

200 ml olívaolaj

Só

FELDOLGOZÁS

A meghámozott fokhagymát, petrezselymet, bazsalikomot, paprikát, ecetet, köményt, citromlevet, olajat jól összeturmixoljuk és sózzuk.

Egy nagyon forró serpenyőben 1 percig pirítsd meg a secretot mindkét oldalukon. Azonnal tálaljuk, és a szósszal díszítjük.

TRÜKK

A hozzávalókat mozsárba ütve épebbé teszi a darabokat.

VITELLO TONNATO

ÖSSZETEVŐK

1 kg kör marhahús

250 g majonéz

120 g lecsepegtetett tonhalkonzerv

100 ml száraz fehérbor

1 szál petrezselyem

1 teáskanál citromlé

1 szál zeller

1 babérlevél

15 kapribogyó

8 szardella

1 hagyma

1 póréhagyma

1 sárgarépa

Só

FELDOLGOZÁS

Tegyünk 1 ½ l vizet a tűzre, tegyük bele a megtisztított és közepes darabokra vágott zöldségeket, a sót és a bort. Hozzáadjuk a húst, és lassú tűzön 75 percig főzzük. A vízben hagyjuk kihűlni, leszűrjük és lefedve hűtőbe tesszük. Ezután nagyon vékony szeletekre vágjuk.

Közben a majonéz, a tonhal, a kapribogyó, a szardella és a citrom összekeverésével mártást készítünk. Keverjük össze és öntsük a húsra. Jól lefedve hűtőben még 1 órát állni hagyjuk.

TRÜKK

Megtehetjük úgy is, hogy a kört 90 percig sütjük a sütőben.

BIKAFARKOK

ÖSSZETEVŐK

2 ökörfark

2 l húsleves

1 liter vörösbor

3 evőkanál paradicsomszósz

1 szál kakukkfű

1 szál rozmaring

8 sárgarépa

4 rúd zeller

2 közepes olasz paprika

2 közepes hagyma

Olivaolaj

Só, bors

FELDOLGOZÁS

A sárgarépát, a paprikát, a hagymát és a zellert apróra vágjuk, a zöldségeket az ökörfarkkóróval együtt egy serpenyőbe tesszük. Felöntjük a borral, és 24 órán át maceráljuk. Szűrje le a zöldségeket és a farkát, és tartsa le a bort.

Fűszerezzük és barnítsuk meg a farkát. Vegye ki. A zöldségeket ugyanabban az olajban, kevés sóval megpirítjuk.

Adjuk hozzá a borral megnedvesített paradicsomszószt, és nagy lángon hagyjuk felére langyosodni. Adjuk hozzá az ökörfarkot, a húslevest és az aromás fűszernövényeket. Lassú tűzön addig főzzük, amíg a hús könnyen le nem esik a csontról. Rektifikálja a sót.

TRÜKK

Ha hozzáadunk egy diós vajat a szószhoz, és felverjük, nagyon fényes keveréket kapunk, amely bármilyen hús díszítésére szolgál.

MANÓ

ÖSSZETEVŐK

150 g couverture csokoládé

150 g cukor

100 g vaj

70 g liszt

50 g mogyoró

1 teáskanál élesztő

2 tojás

Só

FELDOLGOZÁS

A csokoládét a vajjal óvatosan megolvasztjuk a mikrohullámú sütőben. A tojásokat külön habosra keverjük a cukorral 3 percig.

Keverje össze ezeket a keverékeket, és keverje hozzá a szitált lisztet, egy csipet sót és az élesztőt. Keverjük újra. Végül adjuk hozzá a mogyorót.

A sütőt előmelegítjük 180°C-ra. A tésztát előzőleg kivajazott és lisztezett formába öntjük, és 15 percig sütjük.

TRÜKK

Amikor a mogyorót beledolgoztuk, tegyünk félbevágott édességfelhőket is. A meglepetés szórakoztató.

CIROMSZORBET MENTÁVAL

ÖSSZETEVŐK

225 g cukor

½ l citromlé

1 citrom héja

3 tojás fehérje

8 mentalevél

FELDOLGOZÁS

½ l vizet és cukrot alacsony lángon 10 percig melegítünk. Hozzáadjuk a finom julienne csíkokra vágott mentaleveleket, a héját és a citromlevet. Hagyja kihűlni, és tegye a fagyasztóba (nem szabad teljesen megfagynia).

A tojásfehérjét verjük kemény habbá, és keverjük össze a citromos készítménnyel. Lefagyasztjuk és tálaljuk.

TRÜKK

Ha a fehérjéket habbá verjük, egy csipet sót adunk hozzá, stabilabbá és merevebbé válik.

ASTÚRIAI RIZSPUDDING

ÖSSZETEVŐK

100 g rizs

100 g cukor

100 g vaj

1 liter tej

2 tojássárgája

1 fahéjrúd

1 citrom héja

1 narancs héja

FELDOLGOZÁS

A tejet nagyon lassú tűzön főzzük fel a citrushéjjal és a fahéjjal együtt. Amikor forrni kezd, hozzáadjuk a rizst, és időnként megkeverjük.

Amikor a rizs már majdnem puha, hozzáadjuk a cukrot és a vajat. Főzzük még 5-10 percig.

Hozzáadjuk a tűzről levéve a tojássárgákat, és összekeverjük, hogy édes legyen.

TRÜKK

A még csodálatosabb eredmény érdekében főzés közben adjon hozzá 1 babérlevelet.

HÁZI TÚVÓ MÉZES ÉS DIÓS

ÖSSZETEVŐK

1 liter juhtej

4 evőkanál méz

12 csepp gyógyszertári tejoltó

Dió

FELDOLGOZÁS

A tejet egy serpenyőben felforraljuk. Első forraláskor vegyük ki. Hagyja pihenni, amíg szobahőmérsékletű (kb. 28ºC) nem lesz.

Folyamatos keverés mellett hozzáadjuk az oltót a tejhez. Azonnal helyezze egyedi edényekbe, és hagyja kihűlni a hűtőszekrényben.

Tálaljuk mézzel és dióval.

TRÜKK

Különböző hatás érdekében a tej főzése közben adj hozzá 1 szál rozmaringot.

KÁVÉKEKSZ

ÖSSZETEVŐK

175 g cukor

½ l tejszínhab

4 dl kávé (oldható vagy kávéfőző)

8 tojássárgája

FELDOLGOZÁS

A tojásokat a cukorral és a kávéval egy tálban 5 percig verjük.

A tejszínt felverjük, és a kávés keverékkel összedolgozzuk. Ezután fagyassza le legalább 3 órára.

TRÜKK

Más ízesítéssel is elkészíthető, mint például csokoládé, horchata stb.

AMERIKAI ALMASPITE

ÖSSZETEVŐK

300 g liszt

100 g cukor

80 g vaj

2 granny smith alma

2 pippi alma

1 tojás

Fahéj

FELDOLGOZÁS

Az almát meghámozzuk és vékony szeletekre vágjuk. Tedd őket egy tálba a cukorral és a fahéjjal ízlés szerint.

Keverjük össze a vajat a liszttel, amíg homokos állagot nem kapunk. Adjunk hozzá egy kevés hideg vizet ehhez a keverékhez, és dagasszuk 10 percig, amíg nem tapad a kezünkhöz.

A tésztát sodrófával kinyújtjuk, és a felét kibélelt és előzőleg lisztezett formára tesszük. Tedd bele az almaszeleteket és fedd be a tészta másik felével. Zárd le, mintha gombócok lennének.

Fesd le tojással, és a torta közepébe vágj pár bemetszést, hogy a gőz ki tudjon távozni. 170 fokon addig sütjük, amíg a felülete szép aranybarna nem lesz.

TRÜKK

A töltelékhez hozzáadhat néhány mazsolát és fűszereket, például porított gyömbért, őrölt szegfűszeget stb.

SOLETILLÁS TORTA

ÖSSZETEVŐK

200 g cukor

200 g lisztet

8 tojás

FELDOLGOZÁS

A tojásfehérjét 100 g cukorral az egyik oldalon kemény habbá verjük.

A másik oldalra a sárgáját a maradék cukorral, amíg duplájára nő és fehéres nem lesz.

Ezután mindkét keveréket burkoló mozdulatokkal összedolgozzuk, és fokozatosan hozzáadjuk az átszitált lisztet.

A tésztát egyenletesen elosztjuk egy sütőpapíros tányéron, és 180 fokon 10 percig sütjük. Hagyjuk pihenni és kihűlni.

TRÜKK

Tökéletes alapja számtalan desszertnek: svájci tekercs, sütemények, semifreddos stb.

PROFITEROLES

ÖSSZETEVŐK

150 g lisztet

100 g vaj

5 tojás (ebből 1 a profiterolok festéséhez)

125 ml tej

1 teáskanál cukor

1 teáskanál só

FELDOLGOZÁS

Forraljuk fel a tejet 125 ml vízzel, a vajjal, a sóval és a cukorral. Ha felforrt, beleszórjuk a lisztet. Miután levette a tűzről, keverje 30 másodpercig. Tegye vissza a tűzre, és keverje még 1 percig, amíg a tészta már nem tapad az edény oldalához.

A tésztát egy tálba öntjük, és egyenként 4 tojást adunk hozzá (a következőt ne tegyük hozzá, amíg az előző jól el nem keveredett a tésztával).

Egy tányérra sütőpapírra kanállal kis halmokat formálunk (az egyes profiterolok között kb. 3 cm-es helyet hagyjunk). Mindegyiket megfestjük a maradék tojással.

Süssük 200 fokon körülbelül 20 percig, vagy amíg aranybarna nem lesz.

TRÜKK

Megtölthetjük tejszínnel, és csokoládészószt teszünk a tetejére.

ALMA TART TATIN

ÖSSZETEVŐK

1 ½ kg reinette alma

180 g cukor

1 lap leveles tészta

1 citrom

FELDOLGOZÁS

Egy edényben, 170 fokos sütőben karamell formát készítünk a cukorral, egy csepp vízzel és néhány csepp citrommal. Távolítsa el, amikor egy kis színt kap. ne keverjük

Közben meghámozzuk, kimagozzuk és vékony szeletekre vagy negyedekre vágjuk az almát. Helyezze a lapokat a karamellre legyező alakban anélkül, hogy réseket hagyna

Forraljuk fel, vegyük ki, és fedjük le a leveles tésztával, a széleit hajtsuk be addig, amíg alma vagy karamell nem látszik. 190 fokon aranybarnára sütjük a tetejét. Melegen tálaljuk.

TRÜKK

Ez a torta bármilyen gyümölccsel elkészíthető. Ananászsal vagy banánnal jól mutat. Hozzáadjuk egy gombóc vanília fagylalttal.

FEHÉR-NARANCS CSOKOLÁDEMUSSE

ÖSSZETEVŐK

250 g fehér csokoládé

400 ml tejszínhab

5 tojás

1 narancs héja

FELDOLGOZÁS

A tojássárgáját addig verjük, amíg a térfogatuk háromszorosára nem nő. A tojásfehérjét kemény habbá verjük. A tejszínt felverjük a narancshéjjal.

A tojások sárgáját kikeverjük az olvasztott csokoládéval, majd hozzáadjuk a tejszínt. Sima és burkoló mozdulatokkal adjuk hozzá a fehérjét.

TRÜKK

Ahhoz, hogy a krém jobban összeálljon, előtte 30 percre tedd a fagyasztóba.

NARANCSKRÉM

ÖSSZETEVŐK

65 g cukor

400 ml tejet

2 evőkanál rum

3 tojássárgája

1 vaníliarúd

1 narancs

FELDOLGOZÁS

A sárgáját a cukorral habosra verjük. Hozzáadjuk a narancs héját és levét, a vaníliamagot, a rumot és a tejet.

Alacsony lángon állandó keverés mellett főzzük. Amikor forrni kezd, 15 másodpercig erőteljesen verjük habverővel. Vegyük le a tűzről és verjük tovább további 15 másodpercig.

TRÜKK

Vágjon fel néhány friss mentalevelet, és tegye a tetejére.

JOGURT TORTA

ÖSSZETEVŐK

375 g liszt

250 g natúr joghurt

250 g cukor

1 boríték kémiai élesztő

5 tojás

1 kis narancs

1 citrom

125 g napraforgóolaj

FELDOLGOZÁS

A tojásokat és a cukrot a mixerrel 5 percig habosra keverjük. Keverjük össze a joghurttal, az olajjal, a héjjal és a citruslevekkel.

A lisztet és az élesztőt átszitáljuk, és a joghurtokhoz keverjük.

Egy formát kivajazunk és lisztezzünk. Hozzáadjuk a tésztát és 165 fokon kb 35 percig sütjük.

TRÜKK

Használjon ízesített joghurtokat különböző kekszek készítéséhez.

BANÁNKOMPÓT ROZMARYGAL

ÖSSZETEVŐK

30 g vaj

1 szál rozmaring

2 banán

FELDOLGOZÁS

Hámozzuk meg és szeleteljük fel a banánt.

Egy lábosba tesszük, lefedjük, és nagyon alacsony lángon a vajjal és a rozmaringgal együtt addig főzzük, amíg a banán befőtt lesz.

TRÜKK

Ez a kompót sertéskaraj és csokis piskóta kísérőjeként is szolgál. Főzés közben tehetünk bele 1 evőkanál cukrot, hogy édesebb legyen.

CRÈME BRÛLÉE

ÖSSZETEVŐK

100 g barna cukor

100 g fehér cukor

400 cl tejszín

300 cl tej

6 tojássárgája

1 vaníliarúd

FELDOLGOZÁS

Nyissa ki a vaníliarudat, és szedje ki a babot.

Egy tálban habosra keverjük a tejet a fehér cukorral, a tojássárgájával, a tejszínnel és a vaníliarúddal. Ezzel a keverékkel töltse meg az egyes formákat.

Melegítsük elő a sütőt 100 ºC-ra, és süssük 90 percig bain-marie-ban. Ha kihűlt, szórjuk meg barnacukorral és égessük meg fáklyával (vagy grill üzemmódban melegítsük elő maximumra a sütőt, és addig sütjük, amíg a cukor kissé meg nem ég).

TRÜKK

Adjunk hozzá 1 evőkanál oldható kakaót a tejszínhez vagy a tejhez, hogy finom kakaós brûlée-t kapjunk.

KRÉMVEL TÖLTÖTT SVÁJCI KAR

ÖSSZETEVŐK

250 g csokoládé

125 g cukor

½ liter tejszín

Katicabogár torta (lásd a Desszertek részt)

FELDOLGOZÁS

Készíts egy katicabogár tortát. Megtöltjük a tejszínhabbal és feltekerjük magára.

Forraljuk fel a cukrot 125 g vízzel egy serpenyőben. Hozzáadjuk a csokoládét, folyamatos kevergetés mellett 3 percig olvasztjuk, és befedjük vele a svájci tekercset. Tálalás előtt hagyjuk pihenni.

TRÜKK

A még teljesebb és finomabb desszert élvezetéhez adj a krémhez szirupban feldarabolt gyümölcsöket.

TOJÁS FLAN

ÖSSZETEVŐK

200 g cukor

1 liter tej

8 tojás

FELDOLGOZÁS

Alacsony lángon, keverés nélkül karamellt készítünk a cukorból. Amikor pirított színt kap, levesszük a tűzről. Egyedi flanerekbe vagy tetszőleges formába osztva.

A tejet és a tojást felverjük, elkerülve a hab megjelenését. Ha a formákba helyezés előtt megjelenik, távolítsa el teljesen.

Öntsük rá a karamellre, és süssük 165 ºC-os bain-marie sütőben kb. 45 percig, vagy amíg egy tű megszúrja, és tisztán ki nem jön.

TRÜKK

Ugyanezt a receptet használják finom puding készítéséhez. Már csak az előző napi maradék croissant-t, muffint, kekszet... a keverékhez kell adni.

CAVAZSÉLÉS EPER

ÖSSZETEVŐK

500 g cukor

150 g eper

1 üveg pezsgő

½ csomag zselatin lap

FELDOLGOZÁS

Egy lábosban felforrósítjuk a cavát és a cukrot. Hozzáadjuk a tűzről levéve hideg vízben előzőleg hidratált zselatint.

Martini poharakba tálaljuk az eperrel együtt, és dermedésig hűtőben tartjuk.

TRÜKK

Bármilyen édes borral és piros gyümölcsökkel is elkészíthető.

FRITTERS

ÖSSZETEVŐK

150 g lisztet

30 g vaj

250 ml tej

4 tojás

1 citrom

FELDOLGOZÁS

A tejet és a vajat a citromhéjjal együtt felforraljuk. Amikor felforrt, eltávolítjuk a bőrt, és beleszórjuk a lisztet. Kapcsolja le a hőt, és keverje 30 másodpercig.

Tegye vissza a tűzre, és mozgassa még egy percig, amíg a tészta nem tapad az edény falához.

A tésztát egy tálba öntjük, és egyenként hozzáadjuk a tojásokat (a következőt csak addig adjuk hozzá, amíg az előző jól el nem keveredett a tésztával).

Egy cukrászzacskó segítségével vagy 2 kanál segítségével kis adagokban süssük meg a rántásokat.

TRÜKK

Tölthető tejszínnel, tejszínnel, csokoládéval stb.

SAN JUAN COCA

ÖSSZETEVŐK

350 g liszt

100 g vaj

40 g fenyőmag

250 ml tej

1 csomag sütőpor

1 citrom héja

3 tojás

Cukor

Só

FELDOLGOZÁS

A lisztet és az élesztőt átszitáljuk. Keverjük össze és készítsünk vulkánt. A közepébe öntjük a héját, a 110 g cukrot, a vajat, a tejet, a tojásokat és a csipet sót. Gyúrjuk jól, amíg a tészta nem tapad a kezünkhöz.

Hengerrel nyújtsuk, amíg téglalap alakú és finom lesz. Sütőpapíros tányérra tesszük és 30 percig kelesztjük.

A kokát tojással megkenjük, rászórjuk a fenyőmagot és 1 evőkanál cukrot. 200°C-on kb 25 percig sütjük.

TRÜKK

Érdemes hidegen fogyasztani. Sütés előtt tegyünk a tetejére néhány kandírozott gyümölcsöt. Az eredmény fantasztikus.

CSÉSZÉR KÖRTÉT MASCARPONE SAJTTAL

ÖSSZETEVŐK

400 g körte

250 g mascarpone sajt

50 g porcukor

50 g fehér cukor

1 dl rum

½ teáskanál őrölt fahéj

4 szegfűszeg

FELDOLGOZÁS

A körtéket meghámozzuk és feldaraboljuk. Tedd őket egy edénybe, és add hozzá a likőrt és a szegfűszeget. Felöntjük vízzel, és 20 percig, vagy puhára főzzük. Szűrjük le és törjük össze.

A körtepürét a cukorral és a fahéjjal visszatesszük a tűzre, és kb. 10 percig főzzük.

Külön kikeverjük a mascarponét a porcukorral.

A hideg befőttet 4 pohárba osztjuk, és rátesszük a sajtot.

TRÜKK

A porcukorral készült mascarponés keverékhez adhatunk citromhéjat és néhány evőkanál limoncellót. Az eredmény finom.

CSOKOLÁDÉS COULANT

ÖSSZETEVŐK

250 g csokoládé bevonat

250 g vaj

150 g cukor

100 g lisztet

6 tojássárgája

5 egész tojás

fagylalt gombóc (elhagyható)

FELDOLGOZÁS

A csokoládét és a vajat felolvasztjuk a mikrohullámú sütőben. Közben a sárgáját és a tojásokat felverjük. Adjuk hozzá a tojást a csokis keverékhez.

A lisztet szitáljuk át, és keverjük össze a cukorral. Adjuk hozzá a csokoládét és a tojást, és verjük fel.

Az egyes formákat kivajazzuk és lisztezzük, és kapacitásuk ¾ részéig töltsük meg az előző keverékkel. 30 percre hűtőbe tesszük.

A sütőt 200 fokra előmelegítjük, és legalább 6 percig sütjük. Belülről meg kell olvasztani, kívülről aludni kell.

Forrón, egy gombóc fagylalt kíséretében tálaljuk.

TRÜKK

Adjunk hozzá egy apróra vágott banánt és mogyorókrémet a tésztához. Öröm.

SÁRGARÉPA ÉS TÚJTORTA

ÖSSZETEVŐK

360 g liszt

360 g cukor

2 teáskanál sütőpor

8 nagy tojás

5 nagy sárgarépa

1 narancs

Dió

Mazsolák

sajt kenhető

Porcukor

Napraforgóolaj

FELDOLGOZÁS

A sütőt előmelegítjük 170°C-ra.

A sárgarépát meghámozzuk, feldaraboljuk és nagyon puhára főzzük. Keverjük össze a tojással, a ½ narancs levével, a narancshéjjal, a cukorral és egy csipet napraforgóolajjal.

Az élesztőt elkeverjük a liszttel, a cukorral és szitán átszitáljuk.

A felvert tésztát összedolgozzuk a lisztes keverékkel. Adjuk hozzá az apróra vágott diót és a mazsolát, és jól keverjük össze.

Egy formát kivajazunk és lisztezzünk. Öntsük a tésztát és süssük 45 percig, vagy amíg egy tű megszúrja, és tiszta lesz belőle.

Hagyjuk kihűlni és a tetejére szórjuk a porcukorral elkevert sajtot.

TRÜKK

Tehetünk bele fahéjat, gyömbért, szegfűszeget stb. Az eredmény meg fog lepni.

CATALAN KRÉM

ÖSSZETEVŐK

200 g cukor

45 g kukoricakeményítő

1 liter tej

8 tojássárgája

1 fahéjrúd

1 citrom héja

FELDOLGOZÁS

Lassú tűzön főzzük fel szinte az egész tejet a fahéjjal és a citromhéjjal.

Közben a tojássárgáját habosra keverjük a cukorral és a maradék fel nem melegített tejjel.

A forró tejet elkeverjük a sárgájával, és lassú tűzön főzzük. Néhány rúddal folyamatosan keverjük az első forrásig. Ezután levesszük a tűzről, és további 2 percig verjük.

Agyagedényekben tálaljuk és hagyjuk kihűlni. Amikor az asztalra viszed, szórj rá cukrot, és égesd el lapáttal vagy fúvóval.

TRÜKK

A tej helyettesíthető a horchata-val. Maradt egy látványos katalán horchata krém.

FRANCIA PIRÍTÓS

ÖSSZETEVŐK

1 vekni 3 vagy 4 napos kenyér

2 liter tej

3 tojás

1 citrom héja

fahéj rúd

Őrölt fahéj

Cukor

Olivaolaj

FELDOLGOZÁS

A tejet a fahéjrúddal és a citromhéjjal 3 evőkanál cukorral együtt felfőzzük. Amikor forrni kezd, letakarjuk és 15 percig pihentetjük.

A kenyeret szeletekre vágjuk, és egy tányérra tesszük. Szűrjük le a tejet a kenyérre, hogy átázzon.

A francia pirítóst lecsepegtetjük, felvert tojással megkenjük, és mindkét oldalát megsütjük. Kivesszük az olajból, lecsepegtetjük és átpasszírozzuk a cukorral és a fahéjjal.

TRÜKK

A tetejére tehetünk 1 evőkanál édes bort.

PUGRÓS KRÉM

ÖSSZETEVŐK

65 g cukor

20 g kukoricakeményítő

250 ml tej

3 tojássárgája

FELDOLGOZÁS

Forraljuk fel szinte az egész tejet.

Közben hozzáadjuk a maradék tejet a sárgájával, a cukorral és a kukoricakeményítővel. Jól keverjük össze, amíg a csomók eltűnnek.

Adjuk hozzá a tojásos keveréket a forrásban lévő tejhez. Addig verjük, amíg vissza nem forr, és még 15 másodpercig erőteljesen keverjük.

Vegyük le a tűzről és verjük további 15 másodpercig. Hagyjuk kihűlni, és a hűtőbe tesszük.

TRÜKK

Számtalan desszert alapja, változói szinte végtelenek.

BASACH KÓKUSZFLAN

ÖSSZETEVŐK

65 g kókuszreszelék

½ liter tej

4 evőkanál cukor

4 tojás

4 fél barack szirupban

1 kis doboz sűrített tej

FELDOLGOZÁS

Alacsony lángon, keverés nélkül karamellt készítünk a cukorból. Amikor pirított színt kap, levesszük a tűzről. Egyedi flanerekben oszd el.

Keverjük össze a kókuszt a sűrített tejjel, a tojással, az őszibarackkal és a tejjel. Ráöntjük a karamellre, és 35 percig sütjük 175 fokon, vagy amíg egy tű megszúrja, és tisztán ki nem jön.

TRÜKK

Adjunk hozzá néhány darab cupcake-t a tésztához.

FEHÉRCSOKOLÁDÉ ÉS GYÜMÖLCSFONTÚ

ÖSSZETEVŐK

500 g fehér csokoládé

100 g mogyoró

¼ liter tejet

¼ liter tejszín

8 eper

2 banán

FELDOLGOZÁS

Főzzük fel a tejszínt és a tejet. Add hozzá a csokoládét a tűzről, amíg fel nem olvad. Adjuk hozzá az apróra vágott mogyorót.

A gyümölcsöket normál darabokra vágjuk, és a csokikrémmel együtt egy kis tálba tesszük.

TRÜKK

Ha a gyerekek nem akarják megenni, nedvesítse meg egy fröccs rummal.

VÖRÖS GYÜMÖLCSÖK MENTÁS ÉDES BORBAN

ÖSSZETEVŐK

550 g piros gyümölcs

50 g cukor

2 dl édes bor

5 mentalevél

FELDOLGOZÁS

A piros gyümölcsöket, a cukrot, az édes bort és a mentaleveleket egy serpenyőben 20 percig főzzük.

Hagyja ugyanabban az edényben pihenni, amíg kihűl, és tálaljuk egyenként.

TRÜKK

Törjük össze, és tegyük hozzá krémfagylaltot és néhány darabos csokis kekszhez.

INTXAURSALSA (DIÓS KRÉM)

ÖSSZETEVŐK

125 g héjas dió

100 g cukor

1 liter tej

1 kis fahéjrúd

FELDOLGOZÁS

A tejet felforraljuk a fahéjjal, majd hozzáadjuk a cukrot és a darált diót.

Lassú tűzön 2 órán át főzzük, majd tálalás előtt hagyjuk kihűlni.

TRÜKK

Olyan állagúnak kell lennie, mint a rizspudingnak.

SNACK TEJ

ÖSSZETEVŐK

175 g cukor

1 liter tej

1 citrom héja

1 fahéjrúd

3 vagy 4 tojásfehérje

Őrölt fahéj

FELDOLGOZÁS

A tejet lassú tűzön a fahéjrúddal és a citromhéjjal addig melegítjük, amíg el nem kezd forrni. Azonnal hozzáadjuk a cukrot, és további 5 percig főzzük. Foglaljuk le és tegyük a hűtőbe kihűlni.

Ha kihűlt, a tojásfehérjét kemény habbá verjük, és burkoló mozdulatokkal a tejhez adjuk. Darált fahéjjal tálaljuk.

TRÜKK

Ahhoz, hogy verhetetlen gránitát kapjon, tegye a fagyasztóba, és óránként kaparja le villával, amíg teljesen megdermed.

MACSKANYELVEK

ÖSSZETEVŐK

350 g liszt

250 g lágy vaj

250 g porcukor

5 tojásfehérje

1 tojás

Vanília

Só

FELDOLGOZÁS

Adjuk hozzá a vajat, a porcukrot, egy csipet sót és egy kevés vaníliaesszenciát egy tálba. Jól felverjük és hozzáadjuk a tojást. Folytassuk a verést, és egyenként adjuk hozzá a fehérjéket a verés megállítása nélkül. Egyszerre adjuk hozzá a lisztet anélkül, hogy sokat kevernénk.

A krémet sima fúvókával ellátott zacskóba foglaljuk, és kb. 10 cm-es csíkokat készítünk belőle. Üssük a tányért az asztalhoz, hogy a tészta szétterüljön, és 200 fokon süssük aranysárgára.

TRÜKK

Adjunk hozzá 1 evőkanál kókuszport a tésztához, hogy különböző macskanyelveket készítsünk.

NARANCS CUPCAKÁK

ÖSSZETEVŐK

220 g liszt

200 g cukor

4 tojás

1 kis narancs

1 a kémiai élesztőn

Őrölt fahéj

220 g napraforgóolaj

FELDOLGOZÁS

A tojásokat összekeverjük a cukorral, a fahéjjal és a narancslével.

Adjuk hozzá az olajat és keverjük össze. Adjuk hozzá az átszitált lisztet és az élesztőt. A keveréket 15 percig pihentetjük, majd cupcake formákba öntjük.

A sütőt 200 fokra előmelegítjük, és 15 perc alatt készre sütjük.

TRÜKK

A tésztába csokoládégyöngy is belekeverhető.

PORTÓI SÜLT ALMA

ÖSSZETEVŐK

80 g vaj (4 darabban)

8 evőkanál portói

4 evőkanál cukor

4 pippi alma

FELDOLGOZÁS

Magozzuk ki az almát. Megtöltjük a cukorral, és rátesszük a vajat.

30 percig sütjük 175 fokon. Ennyi idő után szórjunk meg minden almát 2 evőkanál portékával, és süssük további 15 percig.

TRÜKK

Melegen tálaljuk egy gombóc vanília fagylalttal, és meglocsoljuk a felszabaduló levével.

FŐTT HABÁCS

ÖSSZETEVŐK

400 g kristálycukor

100 g porcukor

¼ liter tojásfehérje

csepp citromlé

FELDOLGOZÁS

Verjük fel a fehérjéket a citromlével és a cukorral bain-marie-ban, amíg jól össze nem áll. Levesszük a tűzről, és tovább verjük (a hőmérséklet csökkenésével a habcsók besűrűsödik).

Hozzáadjuk a porcukrot, és addig verjük, amíg a habcsók teljesen ki nem hűl.

TRÜKK

Sütemények bevonására, dekorációk készítésére használható. Ne lépje túl a 60 ºC-ot, hogy a fehér ne aludjon meg.

TEJSODÓ

ÖSSZETEVŐK

170 g cukor

1 liter tej

1 evőkanál kukoricakeményítő

8 tojássárgája

1 citrom héja

Fahéj

FELDOLGOZÁS

A tejet a citromhéjjal és a cukor felével felforraljuk. Amint felforrt, fedjük le, és hagyjuk pihenni a tűzről.

A tojássárgáját külön-külön egy tálban habosra keverjük a többi cukorral és a kukoricakeményítővel. Adjuk hozzá a felforralt tej negyedét, és keverjük tovább.

Adjuk hozzá a sárgás keveréket a többi tejhez, és keverés nélkül főzzük.

Az első forralásnál néhány rúddal verjük 15 másodpercig. Vegyük le a tűzről, és verjük tovább további 30 másodpercig. Leszűrjük és hidegben pihentetjük. Megszórjuk fahéjjal.

TRÜKK

Az ízesített puding elkészítéséhez – csokoládé, tört keksz, kávé, kókuszreszelék stb. – csak a tűzről levéve, forrón kell beledolgozni a kívánt ízt.

PANNA COTTA IBOLYA CUKKORÁVAL

ÖSSZETEVŐK

150 g cukor

100 g lila cukorka

½ liter tejszín

½ liter tej

9 zselatin lap

FELDOLGOZÁS

A zselatinlapokat hideg vízzel hidratáljuk.

A tejszínt, a tejet, a cukrot és a karamellt egy serpenyőben felforrósítjuk.

A tűzről levéve hozzáadjuk a zselatint, és addig keverjük, amíg teljesen fel nem oldódik.

Formákba öntjük, és legalább 5 órára hűtőbe tesszük.

TRÜKK

Ez a recept variálható kávécukorkák, karamellás stb.

CITRUS KEKSZ

ÖSSZETEVŐK

220 g lágy vaj

170 g liszt

55 g porcukor

35 g kukoricakeményítő

5 g narancshéj

5 g citromhéj

2 evőkanál narancslé

1 evőkanál citromlé

1 tojás fehérje

Vanília

FELDOLGOZÁS

Nagyon lassan keverjük össze a vajat, a tojásfehérjét, a narancslevet, a citromlevet, a citrusfélék héját és egy csipet vanília esszenciát. Keverjük össze és adjuk hozzá az átszitált lisztet és a kukoricakeményítőt.

Tegye a tésztát egy göndör fúvókával ellátott hüvelybe, és 7 cm-es karikákat rajzoljon sütőpapírra. 15 percig sütjük 175 fokon.

Porcukorral szórjuk meg a sütiket.

TRÜKK

Adjunk hozzá őrölt szegfűszeget és gyömbért a tésztához. Az eredmény kiváló.

MANGO PASZTA

ÖSSZETEVŐK

550 g liszt

400 g lágyított vaj

200 g porcukor

125 g tej

2 tojás

Vanília

Só

FELDOLGOZÁS

Hozzákeverjük a lisztet, a cukrot, egy csipet sót és egy másik vanília esszenciát. Egyenként hozzáadjuk a nem túl hideg tojásokat. Enyhén meleg tejjel meglocsoljuk, és hozzáadjuk az átszitált lisztet.

Tegye a tésztát egy felgöndörített fúvókával ellátott hüvelybe, és öntsön egy keveset sütőpapírra. 180°C-on 10 percig sütjük.

TRÜKK

Kívül őrölt mandulát adhatunk hozzá, csokoládéban megfürdethetjük, vagy cseresznyét ragasszunk rá.

KÖRTE BORBAN

ÖSSZETEVŐK

300 ml jó vörösbor

250 g cukor

4 körte

1 fahéjrúd

1 citrom héja

1 narancshéj

FELDOLGOZÁS

Egy kis serpenyőben főzz szirupot ½ l vízzel és a cukorral. 15 percig lassú tűzön főzzük. Ez után adjuk hozzá a bort, a citrushéjat és a fahéjat.

A körtéket meghámozzuk, és a borban lefedve 20 percig vagy puhára főzzük. Levesszük a tűzről, és a folyadékban hagyjuk kihűlni.

TRÜKK

Készíthető édes borral, fehérborral és akár lambruscóval is.

ALASKA PITE

ÖSSZETEVŐK

Katicabogár torta (lásd a Desszertek részt)

100 g cukor

8 tojásfehérje

300 g blokk fagylalt

100 g gyümölcs szirupban

FELDOLGOZÁS

Készíts egy ladyfinger tortát és hagyd kihűlni.

200 ml vízből és 50 g cukorból szirupot készítünk. 5 percig főzzük közepes lángon.

A 8 tojás fehérjét kemény habbá verjük, és amikor már majdnem kemény, hozzáadjuk a maradék cukrot.

Apránként és megállás nélkül öntsük a szirupot a fehérjék tetejére. A verést addig folytatjuk, amíg a habcsók már nem forró.

A fagyasztott fagylaltot a torta tetejére tesszük, a gyümölcsöt pedig a fagylalt tetejére. Befedjük a habcsókkal, és magas hőmérsékleten 1 percig sütjük, amíg a teteje aranybarna nem lesz.

TRÜKK

A tortát az utolsó pillanatban összeállítjuk és megsütjük. A hőmérsékleti kontraszt meg fogja lepni. A fehérjéhez csipetnyi sót teszünk, hogy stabilabb legyen a habcsók.

PUDING

ÖSSZETEVŐK

300 g cukor

1 liter tej

8 tojás

Sütemények (muffin, töltött croissant, stb.)

Ecet

FELDOLGOZÁS

100 g cukorral, 1 pohár vízzel és egy fröccsenő ecettel elkészítjük a karamellt. Amint színezni kezd, vegyük le a tűzről és tartsuk le.

A tojásokat felverjük a maradék cukorral és a tejjel (nem szabad habosodnia, ha valami kijön, vegyük ki).

Öntsük a karamellt egy forma aljába. Ezután adjuk hozzá a tojásos keveréket, adjuk hozzá a péksüteményeket és hagyjuk ázni.

Süssük 170 fokos sütőben 45 percig, vagy amíg a puding közepébe szúrt tű szárazon ki nem jön. Fogyasztás előtt hagyjuk kihűlni.

TRÜKK

Sütés előtt adjunk a tésztához néhány csokoládégyöngyöt. Felolvasztva finom ízt biztosít.

www.ingramcontent.com/pod-product-compliance
Lightning Source LLC
Chambersburg PA
CBHW070401120526
44590CB00014B/1201